Título del monográfico:
La restauración de la normalidad.
Del 15M a los gobiernos progresistas

Cuadernos de Zona de Estrategia, número 1, diciembre de 2023
Suscripciones en www.zonaestrategia.net

PVP 10€
ISBN: 978-84-19833-11-2

Edita: Zona de Estrategia / Observatorio Metropolitano de Madrid
C/ Peñuelas 12, Madrid, 28005.
www.zonaestrategia.net

Produce: Traficantes de Sueños
C/ Duque de Alba 13, Madrid, 28012.
www.traficantes.net

Contenidos

Editorial

El término «restauración», asociado a la idea de «normalidad», puede llevar a demasiados equívocos. La ambigüedad buscada y la polisemia consentida pueden ser en este caso evocadoras de torsiones históricas que no son las pretendidas. Con «restauración de la normalidad» se alude aquí a una vuelta o un retorno a lo que podríamos llamar una situación estacionaria y sin aristas, una situación aceptada por la mayoría y asumida con un «es lo que hay».

La normalidad contrasta con el acontecimiento excepcional, con la apertura de lo posible, que tal tipo de eventos propone. En nuestro caso, ese acontecimiento fue el 15M. Seguramente este no fue una «revolución». Se quedó a medio camino, como esas insurrecciones del pan o contra el gobierno ilegítimo que salpican toda la historia moderna, pero que todavía no —o quizás *ya no*— se plantean la conquista del poder. No obstante, el 15M fue ambicioso y, si se quiere, profundo. Tanto en sus discusiones como en sus formas asamblearias, planteó una impugnación radical de la democracia representativa, de la concentración de las decisiones en los profesionales de la representación, al tiempo que proponía abrir la política a todos (a los cualquiera), de un modo que la palabra ciudadano adquiriera esa condición universal y activa, bastante alejada de aquella otra reducida a la recepción de mensajes políticamente prefabricados y la emisión de un voto cada tantos años. Por eso el 15M es el parteaguas de la historia reciente del país, el gran acontecimiento político de las generaciones nacidas a partir de 1970.

7

Si «normalidad» en oposición a «acontecimiento» es demasiado evocadora, el concepto «restauración» es todavía más equívoco. Se trata de un término historiográfico, empleado por lo general para significar aquellos periodos de la historia de España en los que el país ha sido devuelto a la línea dinástica de la monarquía borbónica. Restauraciones en la historia de España hay, por eso, muchas. La primera fue la de Fernando VII, tras la guerra de la independencia, que curiosamente para sus contemporáneos fue conocida con el sobrenombre de «revolución», y no de guerra nacional como ocurre hoy en día. Con la vuelta del rey, y la abolición de las Cortes y de la primera Constitución de 1812, se inició un breve y agitado periodo restaurador del «absolutismo». Restauración fue también un término empleado para designar la llamada década ominosa (1823-1834), que siguió al segundo periodo liberal de 1820-1823.[1] Luego estaría la gran Restauración borbónica, que sucede a la experiencia de la Revolución Gloriosa de 1868 y la Primera República. La vuelta de la monarquía con Alfonso XII vino en esta ocasión de la mano de una Constitución oligárquica (la de 1876), que establecía un sistema de turnos en el gobierno entre liberales y conservadores. Su artífice, Cánovas del Castillo, ha sido elevado a modelo de toda forma de restauración posterior. Y finalmente, tendríamos la última restauración monárquica, impuesta por Franco, con la designación de Juan Carlos como rey de España en 1969, según la Ley de Sucesión de 1947. La democracia española consagrada en la Constitución de 1978 confirmó, sin lugar a paradoja, una nueva restauración de la monarquía borbónica, en el marco de un régimen electoral que también pretendía ser de «turnos», en este caso, entre un partido conservador (posfranquista) y un partido socialista (representante definitivo de la izquierda).

De seguir este hilo histórico, la propuesta de este cuaderno es que estaríamos ante la V Restauración española. Y lo que se restauraría es el Régimen del 78, diseñado por acuerdo entre los reformadores franquistas y la oposición institucional, una democracia imperfecta y de tipo oligárquico, sellada en la conservación de la monarquía. Caso de ser este nuestro propósito, estaríamos así ante una interpretación que sigue el viejo hilo histórico de la revolución democrática y republicana. Pero no es exactamente este nuestro objetivo. No pretendemos aquí invocar las fuerzas y el espíritu de la Tercera República, por mucha simpatía que esta nos pueda generar.

Nuestro empleo del concepto de «restauración» es mucho menos historicista y seguramente más ajustado a algunas de las promesas del 15M. De una parte, lo que se ha restaurado es efectivamente el

---

[1] El conocido historiador Josep Fontana tiene aquí un gran libro al que dio el significativo título *De en medio del tiempo. La segunda restauración española (1823-1834)*, Crítica, Barcelona, 2019.

Régimen del 78. Si se considera nuestra situación a la altura de finales de 2023 o comienzos de 2024, 12 o 13 años después del 15M, caben pocos matices respecto de que hemos vuelto a una política normalizada, según los canales establecidos por el monopolio de los partidos, la reducción de los derechos políticos a la adhesión a una u otra fracción del régimen y la emisión de voto en las convocatorias establecidas. Ni grandes movilizaciones irrecuperables por la clase política, ni grandes impugnaciones a su monopolio, marcan hoy el territorio de lo que llamamos política.

De otra parte, si analizamos la gramática política actual, esta tiene notables semejanzas con la que fijó los repartos de visibilidad y poder entre 1982 y 2011:

- Una fuerte polaridad entre izquierda y derecha que sirve para fijar los marcos de representación, integrar los descontentos y distribuir dentro de un campo bien delimitado lo que es o no concebible en política. En este sentido, los nuevos partidos no han introducido una novedad radical. Y de hecho, la progresiva asimilación tanto de VOX como de Podemos-Sumar a la lógica del enfrentamiento electoral y la guerra cultural ha consagrado el eje izquierda / derecha como el asunto principal de la política española, al tiempo que su rápido agotamiento los ha ido devolviendo poco a poco de vuelta al bipartidismo PSOE-PP.

- Una lógica de enfrentamiento entre el nacionalismo español y los nacionalismos periféricos, que tras la crisis de 2011 amagó con desbarrar en la independencia catalana. Analizada, sin embargo, de una forma menos inmediata, el enfrentamiento entre nacionalismos aparece también como un medio de integración política de la opinión pública y sus posibles derivas en forma de indignación. La rápida asimilación del Procés, que a finales de 2023 parece concluir en una ley de amnistía por parte del socialista Pedro Sánchez, apunta en este sentido. Por mucha que sea la teatralización de la indignación de la derecha ante esta política de perdón, hoy el campo del enfrentamiento nacional ha vuelto a ocupar el papel de un conflicto interno al régimen, que comprende a todos los actores políticos, sin que ninguno pueda ofrecer más alternativa que lo que ya existe.

- Y, por último, el perimetraje constitucional que dirime lo que es la democracia y lo que podría ser el caos político y social. Hoy ya no existe ETA y tampoco una amenaza terrorista creíble y persistente, pero la política es de nuevo la que se hace únicamente a través de la delegación electoral y la subordinación a esta forma política propiamente oligárquica. Todo lo que queda fuera es hoy sistemáticamente tachado de ilegal e inconsistucional.

El sistema de representación y esta gramática articuladora de los discursos (y por ende de las expresiones de malestar) es lo que conforma el núcleo del Régimen del 78. La gran cuestión aquí es que estos son elementos comunes a toda forma de democracia representativa, en tanto modalidad política del capitalismo tardío. Que la jefatura del Estado fuera monárquica o republicana no modificaría gran cosa. La vuelta a la normalidad, la vuelta a los partidos, a la opinión pública dirigida, al tedio y al aburrimiento, o en su defecto a formas políticas marcadas por el desafección y el resentimiento, es lo que marcan el tiempo presente de la democracia española y sus gobiernos progresistas.

La pregunta, por tanto, es ¿cómo abrir de nuevo la situación? ¿Cómo recuperar la apertura de lo posible, que con todos sus límites, prometió el 15M? La respuesta a esta cuestión no reside únicamente en un acto de voluntad, y menos de una minoría, por militante y generosa que esta sea. No obstante, todo cierre político es imperfecto, y la actual restauración no escapa a esta ley. La onda larga de la crisis capitalista que estalló en 2008 y que desencadenó la quiebra de 2011 sigue actuando en una dirección imprevisible. Los parches actuales —como el aparente giro neokeynesiano y el relajamiento de los controles al gasto público— tienen seguramente fecha de caducidad, atenazados por la creciente burbuja de la deuda y el deterioro de la situación internacional. La consolidación del campo político entre izquierda y derecha, y sus apéndices Podemos-Sumar y VOX, dejan demasiada parte del cuerpo social al margen, como para sospechar que su capacidad de integración política no vaya a estallar en nuevas crisis de representación y en movilizaciones que no podrán ni aprovechar ni recuperar. En última instancia, la crisis —determinada también a las escalas gigantescas de la civilización capitalista y de la ecología humana— es el signo de nuestra época

En este primer cuaderno de *Zona de estrategia* se incluyen cuatro perspectivas alrededor de esta restauración de la normalidad. Emmanuel Rodríguez escribe sobre la izquierda, como el polo determinante en el que se construye esta política normal, y al que han sido conducidas la mayor parte de las fuerzas que emergieron en el 15M. Brais Fernández ofrece una lectura de la evolución política reciente, a partir del concepto de revolución pasiva, con el resultado sorprendente de que ni siquiera se puede decir que lo sucedido con los gobiernos progresistas logre encajarse dentro de esta categoría del «reformismo desde arriba»: restauración, por tanto. El colectivo Cantoneras analiza la evolución del gran movimiento social del periodo, el feminismo, y en cierto modo cómo este se ha integrado progresivamente en la lógica de las políticas de Estado, acorde con las líneas generales de esta «restauración de la normalidad». Pablo Carmona ofrece, por último, un análisis de la economía política de la provincia España, dentro de la Unión Europea, y también de la posibilidades de articulación de nuevas formas de sindicalismo en el marco de una crisis larvada y que parece que más pronto que tarde acabará por volver a estallar.

La izquierda pos15M: pilar de la Restauración

Emmanuel Rodríguez López*

Partamos de una premisa más o menos sencilla. Estamos todavía en el radio de acción del 15M y sus vidas posteriores. Seguimos, por tanto, dentro de las inercias generadas en la maduración de ese ciclo, que pasó de la fase insurreccional o de movimiento (2011-2013) a la articulación de una «nueva política» institucional (2014-2016) y de esta a lo que llamamos «reconstrucción de la izquierda» (consagrada en la entrada al gobierno de Podemos en 2019), en tanto polo funcional al turnismo político de la democracia española.

Que estemos todavía dentro de la órbita de ese ciclo político no implica, sin embargo, que este ciclo esté vivo. Caso de suponer que existe una reserva de creatividad contenida en los elementos que impulsaron lo ocurrido en 2011 y que todavía podría actualizarse a través de alguna forma de movilización o invocación, caeríamos en un autoengaño seguramente con consecuencias políticas letales. El ciclo 15M acabó con la llegada de las candidaturas locales a los gobiernos municipales de 2015 o si se prefiere con las grandes movilizaciones feministas de 2018 y 2019. Desde entonces, no se ha presentado ninguna otra gran etapa que, cultural o socialmente, tuviera su arranque en 2011. De forma muy resumida, seguimos aquí esta secuencia en tres fases: (1) la emergencia de una generación/espacio político que nace en y después del acontecimiento-15M, (2) la asunción de este espacio/generación del

---

* Emmanuel Rodríguez es historiador, sociólogo y ensayista.

13

reto político de la institucionalización y (3) su integración dentro los marcos políticos y culturales de un régimen apenas reformado. En la fecha de publicación de este artículo, asistíamos al momento terminal de la última fase, un estadio de aparente normalidad, así como agotamiento definitivo de las fuerzas que surgieron tras el 15M.

El objetivo de este trabajo es, por tanto, analizar este recorrido a partir de su conclusión, dando toda la centralidad a los mecanismos de «integración», que damos el nombre de «nueva izquierda». Bajo esta perspectiva, la recomposición de la izquierda —en extremo paradójica cuando se considera como consecuencia, aunque sea involuntaria, de un movimiento que había nacido de la total desconfianza hacia la misma— constituye el final de la fase de movilizaciones e innovaciones abierta en 2011, así como la entrada en una nueva etapa de estabilización de la política española. En términos más generales, la renovación interna del PSOE y la formación de la «nueva política», con todas sus miserias internas, ha reordenado este polo nuclear de la representación política (la izquierda), empujando a su vez la fragmentación y posterior renovación del polo opuesto (la derecha), tal y como se manifiesta en los cambios internos del PP, el auge y caída de Ciudadanos (2012-2019) y la emergencia y consolidación de VOX (a partir de 2018).

Por medio de estas operaciones sucesivas, la política española ha adquirido de nuevo *simetría*, y a pesar de la dramatización de la polarización política y de los peligros anunciados (y que van desde la ruptura de España hasta la llegada del comunismo o el fascismo), *estabilidad y gobernabilidad*. Toda apariencia contraintuitiva que trate de contrastar esta afirmación debiera simplemente comparar la situación actual —cada vez más sometida a la letanía de rituales políticos consolidados— y los años 2011-2013, en medio de una crisis económica que amenazaba con la bancarrota del país y de una ola de protestas que entonces llegó a alcanzar incluso a los cuerpos del núcleo duro del Estado (como la policía y la judicatura). En 2023, hay ya poca duda de que lo que convencionalmente llamamos política se ha volcado, una vez más, sobre el Parlamento, los partidos y la polaridad izquierda / derecha. Hemos vuelto así a la normalidad, por novedosa que esta parezca.

De hecho, desde cierta perspectiva podría afirmarse que la política ha vuelto a los tiempos pre-15M. Y en efecto, esta aparece hoy, una vez más, relegada y encauzada en espacios y canales bien establecidos: la clase política consolidada de nuevo como la «representación» del país, sus debates confirmados como ejes de la opinión pública y su monopolio político tan naturalizado que ya no es cuestionado. La paradoja de esta restauración —que lo es en más de un sentido— reside en que su pieza maestra coincide con la recomposición de la izquierda.

En último término, la cuestión es si este régimen de Estado que llamamos democracia, organizado en torno a la polaridad izquierda /

derecha va a tener una capacidad suficiente de representación de las instancias sociales cada vez más complejas y opacas, en el marco de una crisis que se arrastra desde 2008. Dicho de un modo más claro, ¿tiene esta «nueva izquierda» capacidad suficiente para consolidarse como un espacio de representación e identificación suficiente de las instancias sociales, que poco a poco se van consolidando y que amenazan con estallar? ¿Estamos condenados a confirmar, en forma de «restauración», un nuevo «efecto Izquierda Unida», que combine mayor radicalismo verbal, o alternativamente «mayor responsabilidad institucional», en una degeneración autorreferencial? En términos más explícitamente políticos ¿podemos declarar ya, sin ambages y sin los chantajes habituales (de que «viene la derecha», «que esto es lo que hay», etc.), que la izquierda existente se ha convertido en una eficaz forma de bloqueo y captura de toda energía política mínimamente creativa?

Al considerar este espacio que llamamos *izquierda*, debemos descomponerla tanto en los elementos que la constituyen, como analizar su consistencia y su pendiente de degeneración. Estos elementos se pueden comprender, de una forma muy resumida, en: (1) la consolidación de una nueva clase política; (2) la constitución de una esfera mediática de izquierdas con una doble base en una nueva generación de medios digitales y en redes sociales; (3) la articulación de un nuevo marco ideológico para esta izquierda, que damos el nombre de «neoprogre»; y (4) la progresiva integración de los «movimientos sociales» en esta izquierda. En este análisis resulta, de nuevo imprescindible, remitirse al 15M como hecho fundante —aunque sea de forma imprevista y de nuevo contradictoria— de la nueva izquierda.

Una nueva clase política

El 15M fue tan explosivo como ambicioso en su potencia de impugnación, que abarcó desde la Constitución española hasta la propia de Europa, desde la ley electoral hasta la misma forma partido como instancia privilegiada de representación. En su capacidad, no obstante, para «durar», para cuajar en una serie de instituciones de matriz popular, en las que acumular fuerza, inteligencia y capacidad de maniobra fue muchísimo más parco. Al 15M no siguió, en efecto, una nueva generación de centros sociales —aunque se constituyeran algunos—, de organizaciones políticas y culturales que galvanizasen el nuevo impulso político o de emergencias contraculturales que expresaran algo así como una nueva antropología.[1] En otras palabras, el 15M no generó

---

[1] Por traer aquí el conocido libro de Marcuse, *El hombre unidimensional,* Madrid, Austral, 2022 [1964], pero sobre todo sus análisis sobre el periodo de la revuelta estudiantil-juvenil: *El final de la utopía,* Barcelona, Ariel, 1968; y sobre todo *La nueva izquierda y la década de 1960,* Materia Oscura, 2022.

los espacios sociales capaces de cristalizar las relaciones políticas que prometió aquel «acontecimiento».[2] A modo de excepción, incluso la explosión de la PAH (Plataforma de Afectados por la Hipoteca) y del movimiento de vivienda, que constituyen el intento más significativo de construir una organización de movimiento adaptada a la crisis, no pudo compensar la realidad de un proceso complejo de movilización que no supo o no pudo construir sus propias organizaciones e instituciones, esto es, no logró dotarse de *duración*.

En esas condiciones, apenas sorprende que el «techo de cristal»,[3] manifiesto en la asimetría de una enorme capacidad de movilización y una débil potencia de impacto sobre el Estado, se presentase pronto (hablamos de 2013-2014) como el principal reto del movimiento. Y que lo hiciese justo en el lado contrario sobre el que se había construido el 15M. De hecho, el éxito inicial de Podemos solo puede explicarse por la creciente angustia de dos años y medio de movilización continua, pero menguante. En este contexto de creciente falta de horizonte político, Podemos cubrió la necesidad de articular un punto de eficacia y de organización. Reduplicando de nuevo las contradicciones internas del periodo, el tan característico desprecio de Podemos a construir una organización política de movimiento o de masas (por viejo que suene tal concepto), se explica tanto por el celo de su grupo promotor, psicóticamente alérgico a cualquier forma de contrapeso interno, como por la desconfianza hacia la forma «organizada» que tomó desde el principio el 15M.[4]

Paradójicamente, la debilidad organizativa (y a la postre política) del 15M está en el origen de la concentración del poder político interno en un grupo de *parvenus,* esto es, de advenedizos que carecían de todo salvo de la ambición y de la inteligencia para llevar a cabo su propia apuesta. En este punto está seguramente contenida la vuelta a la izquierda de aquel movimiento que se definía como «ni de izquierdas ni de derechas», y que consideraba acabado el proyecto histórico que todavía el PSOE, IU o los sindicatos encarnaban.

---

[2] Para un análisis más desarrollado de este argumento me remito a Emmanuel Rodríguez, *La política en el ocaso de la clase media. El ciclo 15M-Podemos,* Madrid, Traficantes de Sueños, 2015.

[3] Esta metáfora se empieza a usar a partir de 2013. Con ella se quería apuntar a la diferencia entre el enorme impacto social y cultural del 15M y su escasa modificación de los órdenes institucionales, especialmente del régimen político. La imagen fue ampliamente utilizada a la hora de impulsar los primeros intentos de formar candidaturas.

[4] Esta afirmación exige, no obstante, una matización. El 15M estuvo siempre organizado y esto en dos dimensiones: las asambleas públicas abiertas a cualquiera y la discusión abierta en redes sociales y la blogosfera. Más allá sin embargo de estos dos ámbitos, el 15M no logró dotarse de instituciones propias, formas organizativas seguramente más reducidas y problemáticas, pero también con mayor capacidad para sostener una posición política a lo largo del tiempo. Partidos y candidaturas, muchas veces explícitamente, no quisieron construir esta dimensión institucional de contrapoderes concretos.

Bajo esta perspectiva, la «nueva política» es continuadora del 15M, pero de un modo propiamente negativo: se construye a partir del vacío político que este crea, pero que es incapaz colmar. La construcción de una nueva clase política, entendida como un sector que vive de la representación —y que en sentido lato no se limita al partido, sino que se extiende a los ámbitos del periodismo, la cultura, la academia—, se sigue de la capacidad de los miembros de esa generación para saturar ese vacío, de mostrarse útiles como «solución» a la distorsión desvelada por el 15M, esto es, a la existencia de una generación desahuciada, «precarizada», «exiliada», etc., pero que fue explícitamente educada en la promesa de elevarse a clase profesional del país, cuando no a constituirse en su propia élite. En última instancia, la propia condición generacional de esta clase política ha resultado suficiente, por su mera «presencia» —por su encarnación como parte de una generación excluida y ahora incorporada / integrada—, para servir a este marco de representación restaurado.

De otra parte, la emergencia de Podemos, y luego de los llamados municipalismos, adquirió pronto la condición de fuerza material en la construcción de la nueva izquierda. La entrada en ayuntamientos y comunidades autónomas en 2015 generó, por primera vez, un cuerpo amplio de «políticos profesionales», que viven de la «representación», incrustada en la jerarquía correspondiente de los aparatos de Estado. Para un partido prácticamente improvisado, así como para la vasta constelación de candidaturas municipales articuladas pocos meses antes, el éxito electoral tuvo algo así como la condición de hecho fundador. Si se recuerdan aquellos años, se podrá reconocer el mismo perfil social simplificado en un/una joven o post-joven que o bien acaba de terminar sus estudios universitarios o lleva poco más de una década en una trayectoria laboral insegura y que no tiene grandes visos de consolidar en «carrera». La diferencia a partir de 2015 es que estos jóvenes conforman la carne y el cerebro de la llamada «nueva política». Un nuevo ejército de concejales, diputados autonómicos, asesores, directores de campaña, comunicadores, etc.[5] En sentido lato, la formación de Podemos y

---

[5] Es difícil calcular la magnitud de lo que en Italia se llamaría este *setto* (sector) político. A partir de una estimación del número de diputados nacionales y autonómicos, senadores, asistentes y liberados del grupo político, concejales, equipos de los concejales y los propios cargos y liberados de las organizaciones (no solo de Podemos, como también de Ahora Madrid y las candidaturas municipales) de la Comunidad de Madrid, para el año 2016, en el que Podemos entró por primera vez en el Congreso, se podría calcular un número de no menos de 1.000, quizás 1.500 personas, con sueldo por funciones de «representación». Extrapolados estos datos de Madrid al conjunto del país, la cifra no sería inferior a 5.000 o 6.000 representantes y asociados a sueldo. Puede parecer una cifra pequeña, pero en esta se comprenden buena parte de los «cuadros» del 15M: activistas, influencers, periodistas, abogados, portavoces (principalmente del movimiento de vivienda), etc. El impacto de este «sector cualificado» en

de las candidaturas municipales en 2015 abrió un boquete en la política institucional para la entrada en tropel, improvisada y casi caótica, de una generación que quería hacer política «seria», pero que en ocasiones ni siquiera tenía experiencia laboral.[6]

La condición de *parvenus* y la selección de este nuevo cuerpo de representantes por criterios prácticamente azarosos (sin excluir lo que propiamente deberíamos llamar nepotismo[7]) vino acompañada no tanto de una reivindicación del *amateurismo* en política, condición sustancial de todo movimiento democrático, como de justamente lo contrario. La urgencia de su consolidación como polo de representación, a todas las escalas, se impuso como prioridad de esta nueva clase política. Dentro del grupo promotor de Podemos, esta necesidad quedó establecida alrededor de su monopolio sobre la presencia en las tertulias políticas de las grandes cadenas de televisión y en el control de la dirección del nuevo partido; así como en la justificación de su nueva posición pública sobre la base del ideal meritocrático consustancial a todas las formas de democracia oligárquica. Para todos los demás (la tropa de segundones, contratados, asesores y huestes leales), el único criterio fue la consolidación, y a ser posible el progreso, dentro de la nueva «carrera política» que tan improvisadamente se les había abierto.

De forma congruente, cualquier idea de que esta nueva izquierda tuviera una expresión orgánica en espacios organizados, con estructuras internas relativamente democráticas,[8] al modo en el que lo

---

la orientación política del ciclo resultó, por eso, determinante. Para un mayor desarrollo de esta estimación, véase E. Rodríguez, *La política en el ocaso...*, p. 168, n. 20.

[6] Un solo ejemplo puede resumir bien el adanismo laboral de los nuevos políticos. En las elecciones autonómicas a la Comunidad de Madrid de 2015, Podemos obtuvo 27 de los 129 diputados, de ellos más de la mitad carecían de número de la Seguridad Social: no habían trabajado nunca, la mayoría tampoco lo habían hecho al margen de la legalidad. Básicamente se trataba de jóvenes universitarios con expectativa de empezar su carrera profesional.

[7] En una organización improvisada, que debía ocupar cargos antes incluso de que dispusiera de estructuras formales, el recurso a la lógica de la lealtad afectiva fue el más recurrente. El núcleo del partido tenía su residencia en Madrid, y los primeros cargos (tanto del partido como en las instituciones) fueron seleccionados por su cercanía al mismo. A la hora de seleccionar a los candidatos públicos o internos del nuevo partido, el reducido círculo de este núcleo recurría por lo general a viejos amigos, amantes, parejas presentes o pasadas. Un sociograma de Podemos, especialmente en sus primeros años, mostraría la centralidad de este mecanismo de selección de cargos a partir de este tipo de vínculos, del que los casos más reconocibles son las sucesivas parejas de Pablo Iglesias.

[8] En este periodo, esta discusión quedó ceñida a la idea del «partido-movimiento». Con ello ser quería destacar la dimensión de masas y de movilización social que debía acompañar a las candidaturas, al tiempo que se trataban de corregir las inevitables inercias burocráticas de la organización. Lo cierto, sin embargo, es que esta fórmula, que recogía

fueron los viejos partidos obreros de matriz no leninista, quedó inmediatamente excluida por la laguna organizativa que dejó el 15M, y que Podemos, principalmente, evitó por todos los medios a su disposición. El contenido último del congreso fundacional del partido, la llamada Asamblea Ciudadana, celebrada en el palacio de Vistalegre de Carabanchel, fue fundamentalmente este: el partido iba a ser patrimonio de una estrecha camarilla organizada en torno a Pablo Iglesias e Iñigo Errejón, con un margen mínimo para la representación de las minorías (por tanto para la diversidad interna) y, sobre todo, con un desprecio absoluto a la formación y consolidación de una base militante «de masas» —por emplear un viejo término—.

El sistema de elección de cargos basado en un mecanismo plebiscitario que daba sistemáticamente la totalidad de los mismos a la lista oficial, y la extensión de este sistema hasta al último pueblo donde existiera un núcleo del partido, no tardó en disipar el entusiasmo inicial por la participación en las asambleas locales (los llamados círculos). En dos o tres años de luchas internas, lo que había de participación genuinamente popular en el proyecto fue radicalmente extirpado. De hecho, este modelo organizativo acentuó la lógica cainita por el reparto de cargos y posiciones de visibilidad, según un esquema más propio de los departamentos universitarios —en el que se había formado materialmente la principal camarilla de la organización—, que de un partido al uso.[9]

En el segmento profesionalizado, la diferencia de posiciones políticas derivó así pronto en una continua disputa interna. De hecho, la división de Podemos en tres alas —que se podría resumir en una derecha (Errejón), un centro (Iglesias) y una izquierda (anticapitalistas)[10]— es solo el capítulo más relevante de un proceso que se repetía

---

las contradicciones del proceso de institucionalización —CCOO probó algo parecido en los años 1976 y 1977, cuando se definió como movimiento sindical, antes de convertirse en una organización al uso—, no tuvo más que funciones retóricas. Para el grupo que dirigía la organización, el modelo preferido era mucho más parecido a una suerte de partido empresa. Sobre estas discusiones véanse los innumerables artículos de opinión que articularon el debate de la asamblea de Vistalegre entre septiembre y octubre de 2015, así como los documentos organizativos presentados en la misma asamblea.

[9] Radicado en la Universidad Complutense, y concretamente en la Facultad de Políticas y Sociología, el grupo iniciador de Podemos ensayó su primera política dentro del ámbito de la competencia universitaria volcada en la promoción interna y la acaparación de plaza, para lo que formaron incluso un grupo informal específico, al que dieron el nombre (en extremo significativo) de La Promotora.

[10] Esta forma de entender la división ideológica interna recoge una vieja tradición histórica de los partidos de masas, como la SPD alemana dividida en una derecha (Bernstein), un centro (Kautsky) y una izquierda (Luxemburg entre otros), en una forma que se reprodujo luego en el PSOE histórico de los años treinta. No obstante, esta división no debería ocultar lo que, en última instancia, era una lucha fraccional por los órganos de representación.

a todos los niveles y en casi todas las candidaturas. La única forma de solución al mismo, descartados los mecanismos formales de una organización amplia, plural y mínimamente democrática, eran las escisiones sucesivas y la organización por camarillas en torno a liderazgos carismáticos que exigían lealtad incondicional, incluso en los niveles más bajos de organizaciones que irremisiblemente quedaron reducidas a los cargos institucionales. Los liderazgos de Iglesias, Colau, Carmena o Errejón, dentro o fuera de Podemos, fueron solo los más eficaces a la hora de estabilizar este tipo de candidaturas caudillistas, sostenidas por medio de la distribución de cargos y salarios, así como de una aquiescencia casi servil.

Resultado inevitable de este tipo de organización carismática / plebiscitaria fue la progresiva destrucción del debate interno reducido a una lucha psicótica por el poder o la mera supervivencia dentro de la organización. Como se ha señalado, Podemos fue pronto abandonado por los sectores menos comprometidos o menos dependientes de la «carrera política». Y entre los que quedaron se impuso pronto un criterio de «selección negativa»: alrededor de los jefes solo quedaron quienes no tenían posibilidad alguna de hacerles sombra.

Por abajo, entre las decenas de miles que se sumaron a los círculos o las candidaturas municipales, el efecto fue todavía más dramático. Desde este primer gran congreso en Vistalegre, los círculos quedaron reducidos a ser una comparsa de la verdadera organización en torno al secretario general y su consejo de fieles impuestos de forma plebiscitaria en las elecciones internas, las cuales, en la práctica, no reconocían ningún derecho a la disidencia. En términos políticos, se podría decir que el proceso de activación de masas que operó el 15M terminó aquí: cuando la inmensa mayoría se volvió a su casa a curarse las heridas de las interminables luchas fraccionales o a asumir el nuevo papel de «votante consciente».

El carrusel de declaraciones cruzadas entre los distintos líderes de la nueva política, que ha proseguido de forma ininterrumpida desde 2015 hasta 2024 con independencia del nombre de las formaciones (Podemos, Unidas Podemos, Sumar), es solo el registro público de esta feroz lucha fraccional, que es constitutiva de la nueva clase política. Del mismo modo, la actitud expectante y nerviosa del «votante consciente» que anhela la «unidad», o que por el contrario se posiciona con una u otra de las fracciones, es también el resultado de nuestra adaptación a este papel pasivo y delegado que en 2011 o incluso todavía en 2014 hubiera resultado impensable.

En la reducción de la complejidad del 15M al precipitado de la nueva izquierda, la constitución de «su» clase política actuó como el verdadero catalizador de tal reacción química. La clase política ha operado como un compuesto altamente reactivo, capaz de descomponer y simplificar todo aquello que tocaba. La prueba más evidente de esta continua simplificación del debate está en la reducción de los contenidos de la política a ganar elecciones, representar a la «gente» y hacer políticas públicas «progresistas» —cualquier cosa que esto signifique—; y del mismo modo, en la consideración del contenido político como un «problema de relato» —según la neolengua de los comunicólogos— y de disputa por la hegemonía. Por si esto fuera poco, tras la entrada de VOX en 2018-2019, el lenguaje político de esta nueva izquierda ha tendido a simplificarse todavía más, costrificado en la polaridad izquierda / derecha y centrado en la «única política posible» que consiste en votar para frenar a la ultraderecha.

Destruida así toda forma de reserva estratégica interna —por empobrecimiento del debate, por pura delegación, por expulsión de la inteligencia y la pluralidad que rodeó en principio a estas iniciativas—, la nueva izquierda solo ha encontrado un hueco estrecho y bien definido en su papel asignado en la gramática electoral-parlamentaria. Como resultado inevitable, esta izquierda se ha convertido en el principal garante de que toda política (de protesta, indignación, etc.) no sea más que política electoral-parlamentaria.

Sea como sea, la consolidación de esta nueva generación política, representada de forma paradigmática en Podemos-Sumar-candidaturas municipales, ha requerido de algo más que su incrustación en los aparatos de Estado. Su confirmación como clase política, y por tanto como polo de representación (lo que llamamos izquierda), ha operado igualmente sobre la base de otras condiciones de posibilidad que también están contenidas en el 15M.

Una nueva esfera mediática de izquierdas

La construcción de un polo de representación exige el ejercicio efectivo de tal representación. Esto compromete a todas las instancias o aparatos de Estado (partidos, sistemas electorales, etc.) dirigidos a garantizar esas funciones de espejo. Pero también implica ciertos instrumentos que dotan de consistencia a este mismo simulacro político («Yo, diputado, te represento a ti, ciudadano»).[11] En la confirmación del «acto de representación», cumplen un papel central las mediaciones sociales establecidas con el fin de validar la relación entre representante y representado. De hecho, la constitución de la nueva izquierda hubiera sido irrelevante sin la formación de una esfera mediática también de «izquierdas». Y como ha sucedido tradicionalmente en las

---

[11] La consideración de la «representación» como espectáculo puede remontarse, sin duda, a la metáfora de la política como teatro tan propia del Barroco. En la consideración de una sociedad mediática serían, no obstante, de más ayuda los análisis de McLuhan, Debord o Baudrillard, por señalar puntos de vista diversos.

democracias oligárquicas, la izquierda ha requerido de un periodismo de izquierdas. Esta esfera mediática constituye el segundo pilar de la nueva izquierda, y también estaba *in nuce* en el 15M.

El 15M creció sobre la posibilidad —llamémosla con un término que ha envejecido mal— «tecnopolítica», manifiesta en la generalización del smartphone y de las redes sociales.[12] El desarrollo de la blogosfera, así como de facebook, y sobre todo twitter, permitió la convocatoria de acciones casi a tiempo real, la discusión generalizada de propuestas e iniciativas, así como un suplemento eficaz a los déficit organizativos de un movimiento que tenía su principal medio de comunicación cara a cara en asambleas abiertas e interminables, las cuales construyeron un canal expresivo tremendamente rico, si bien muchas veces poco operativo.[13]

El desarrollo de este espacio comunicativo complejo se puede considerar en los términos de una contraesfera mediática. Durante la fase de movimiento (2011-2013), este ámbito supo organizarse como un marco de creación de noticias, discusión y propuesta al margen de los grandes grupos de prensa y de las grandes cadenas de televisión. A su vez, este desarrollo en redes y en la blogosfera fue el caldo de cultivo de la fundación o reorganización de una nueva constelación de medios de comunicación, fundamentalmente de base digital, que se produjo casi en paralelo al 15M: *El diario* (fundado en 2012), *Público* (en 2007, refundado en 2012), *Ctxt* (2013), *La Marea* (2015), *Info Libre* (2013), *El Salto* (2016, antes Diagonal), *Crític* (2014), etc.

De otro lado, el desarrollo de las redes sociales, con su arquitectura de premio al *karma* y su contabilidad del éxito en número de seguidores, dio igualmente paso a formas cada vez más profesionalizadas del uso de la herramienta, y consecuentemente al empleo de la misma para la construcción de figuras públicas, al modo de *influencers* políticos. Incipiente todavía en 2012-2014, también en el ámbito de la teconopolítica del movimiento —presuntamente horizontal y distribuida— se estaba produciendo un proceso de decantación, que tendía

---

[12] Para un análisis del 15M como tecnopolítica véase la investigación de Javier Toret (coord.), *Tecnopolítica: la potencia de las multitudes conectadas. El sistema red 15M, un nuevo paradigma de la política distribuida,* Barcelona, Internet Interdisciplinary Institute (UOC), 2013.

[13] Para una crítica de la dinámica de las asambleas del 15M, crecientemente marcadas por aquellos con capital militante y cultural, se puede leer la etnografía de Adriana Razquin, *Didáctica ciudadana. La vida política en las plazas. Etnografía del movimiento 15M,* Granada, Universidad de Granada, 2017. Más allá de Granada, en ciudades grandes como Madrid, donde las asambleas eran enormes, cambiantes y a veces se fragmentaban en multitud de asambleas parciales y temáticas, el control sobre la dinámica asamblearia por parte de «los militantes» nunca resultó demasiado operativo. La asamblea cumplía allí, más bien, una función «expresiva», antes que decisoria, al menos en lo que se refiere a la puesta en marcha de las principales acciones.

a construir un espacio de representación cada vez más convencional. Prueba de la capilaridad social de este proceso es que en esos años se instituyó la carrera del comunicador político que empieza como tuitero y concluye como opinador profesional (en prensa, en las tertulias televisivas, etc.) o como gestor de redes y comunicólogo experto al servicio de la «nueva política». La institucionalización de esta esfera mediática se convirtió así pronto en un motor insospechado de reconstrucción de la izquierda.

Este ámbito público resultaba, no obstante, mucho más dinámico y abierto que el de la carrera política dentro de los partidos. La lucha por la distinción en redes está estrictamente basada en las competencias individuales del gestor-comunicador a la hora de leer tendencias, temas de actualidad, su facilidad en el desempeño en las batallitas culturales y de emitir discurso-opinión respecto de las mismas. Estas competencias «valorativas» y «enunciativas», tan propias de la época, requieren de un dinamismo y una energía muy superiores a la lucha competitiva dentro de las agrupaciones electorales, donde la lógica de subordinación a la corriente o al líder impide toda libertad de crítica. En cierto modo, la «discusión en redes» se ha convertido en el espejo necesario de la clase política: el gran lugar de la promoción de nuevos «notables», de figuras públicas con valor en el mercado de la opinión política. Y paradójicamente también en el espacio último de orientación de la clase política. De hecho, desde 2015, cuando la dinámica de movilización perdió definitivamente protagonismo, las redes se fueron confirmando como el espacio «único» de la arena política, entendida como un vertedero de opiniones contrarias.

Por eso, la figura del tuitero, elevado a una suerte de oficio de «todólogo» al alcance de cualquiera, se ha conformado como el eje articulador de la esfera mediática pos15M. Esto no implica, por supuesto, que la política de redes escape a la inercia impuesta por la integración institucional. De un modo que todavía no se ha calibrado de forma adecuada, esta esfera, ya profesionalizada en un puñado de nuevos medios digitales y en unos pocos miles de cuentas de twitter, ha ocupado el papel de ágora pública de la nueva izquierda. De forma casi automática, el debate y la agenda política han tendido a reducirse a lo que aparece y se percibe en las redes sociales, con todos sus sesgos característicos: tendencia a la inflación verbal, propensión al juicio y a la indignación morales, reducción de la política a un juego de enunciación verbal, y sobre todo escasa o ninguna conexión real más allá de los marcos sociológicos y generacionales característicos de sus participantes. La misma lógica de las redes sociales de constituir «charcos» cultural y políticamente homogéneos ha ido decantando esta constelación —en sus orígenes mucho más amplia y plural— del activismo en redes hacia el horizonte más estrecho de la nueva izquierda.

La articulación entre clase política y esta esfera mediática tiene así pocos misterios. Surgidas ambas del ecosistema generacional y político heredado del 15M, han tendido a rotar sobre los mismos ejes, retroalimentándose entre sí, al tiempo que muchas de las nuevas figuras públicas, que habían surgido en este medio ambiente, iban y venían entre uno y otro campo. De hecho, a partir de 2014-2015, la crisis de la movilización social, la ausencia de instituciones de movimiento y la falta de conflictos a los que asirse, obligó a esta incipiente esfera mediática pos15M a girar sobre sí misma, concentrando progresivamente su atención en la emergente clase política, que desde mayo de 2015 entró en posiciones de gobierno en muchos ayuntamientos y en 2019 en el mismo corazón del Estado. La aceleración y profundización de este proceso coincide, además, con la consolidación de la izquierda como único horizonte de la acción política, ya sea organizada para el mantenimiento de las posiciones institucionales, la legitimación de los gobiernos progresistas o la oposición rabiosa al otro polo de representación: la derecha convencional o «extrema».

En este intercambio entre la nueva clase política y la esfera mediática pos15M, lo más significativo resulta su carácter cada vez más autocentrado y excluyente. Se trata de un precio habitual en todo proceso de construcción de un espacio de representación. Pero como suele ocurrir, el coste es pocas veces bien calibrado, entre otras cosas porque la rendición de cuentas del nuevo espacio político (de la nueva izquierda) ha descansado siempre en un solo lado de la relación, aquellos que concentran los poderes de representación. Para nuestro caso, son varias las consecuencias que merecen considerarse.

En primer lugar, la aceptación de la polaridad izquierda / derecha implicó un inevitable empobrecimiento del debate público, cada vez más reducido a detener o bloquear a la «derecha», especialmente tras la emergencia de VOX. De forma correlativa, la posición institucional de la izquierda se presentó como el único freno frente a la amenaza de la nueva ola parda asociada a la «derechización social». En parte por estas razones, la capacidad de iniciativa ha quedado cada vez más limitada a la iniciativa de la clase política en el gobierno, propuesta por lo general limitada a la producción legislativa. Todo ello nos ha devuelto a una versión apenas modificada del cretinismo parlamentario y del fetichismo legislativo de la socialdemocracia de finales del siglo XIX. (Ejemplos extremos de esta propensión se pueden reconocer en la feroz adhesión, con grados casi nulos de autocrítica, a propuesta legislativas que apenas han producido cambios nominativos o cosméticos en materia de política social, al tiempo que se reforzaban las tipificaciones del código penal[14]).

---

[14] La lista en este sentido comprende la casi totalidad de la labor legislativa que ha tenido un rango mediático durante este periodo, así por ejemplo: la ley que establece el

De forma correlativa a este empobrecimiento del debate y de la capacidad de propuesta política, la doble faz de la esfera mediática de la izquierda pos15M —medios y redes— se ha ido especializando en una suerte de batalla cultural perpetua, que se ha convertido en prácticamente la única forma de articulación de la adhesión-representación social. La inevitable propensión a adecuar cada acontecimiento, noticia o problema al marco de las batallas culturales ha operado con un inevitable exceso ideológico, que ha adquirido su sustento en un nuevo estilo de comunicación y gobierno que podríamos llamar *neoprogre.*

«Lo neoprogre»: moral de la nueva izquierda e ideología de gobierno

Lo «progre» o la ideología «progre», hoy convertida en azote y denuncia de las formas ideológicas de la izquierda por parte de la extrema derecha,[15] tiene una genealogía compleja. Durante los años de la Transición, desde finales de la década de 1970 hasta entrados los años noventa, el «progresismo», lo «progre» o la «progresía» representaban un ideal de modernización social, que cubría el terreno de los derechos civiles y de los valores de carácter liberal, al tiempo que subrayaba una importante diferencia cultural con la derecha, señalada como representante eterna del espíritu retrogrado, carca y antimoderno de la «otra España». Lo *progre*, en la crítica y en la autocrítica —entonces de inspiración libertaria e izquierdista—, iba asociado también a una creciente desconexión respecto de los viejos principios del movimiento obrero (igualitaristas) y de lo mejor de la contracultura, acusada ya en los años ochenta de excéntrica, irrealista y nihilista.[16] En sentido lato, lo progre representaba el abrazo del socialismo triunfante de 1982-1997 a la modernidad neoliberal de corte europeo.

Ingreso Mínimo Vital (IMV) de 2021, cuya aplicación finalmente no ha alcanzado más que a una mínima parte de sus potenciales beneficiarios; la reforma laboral de 2022 que mantuvo básicamente las líneas de la reforma previa de 2012, fundamentalmente en lo que a las condiciones de despido se refiere; la ley de Memoria Democrática de 2022, que básicamente es declarativa y simbólica; la llamada ley de solo sí es sí, analizada en otro artículo incluido en este volumen; o el empleo recurrente de la ambigua modificación del código penal de 2015 con la tipificación de los delitos de odio.

[15] Efectivamente, el meme «dictadura progre» es hoy repetido machaconamente por parte de los medios neocon y de la extrema derecha, a la vez que es un habitual en el arsenal de las batallas culturales emprendidas por Vox. Véase al respecto Nuria Alabao, *Las guerras de género. La política sexual de las nuevas extremas derechas*, Iruñea, Katakrak, 2024 (en prensa).

[16] Esta crítica fue una constante durante toda la Transición y fue explícitamente dirigida contra los jóvenes, para los que en una situación de paro de masas y de cierre de las expectativas culturales y políticas, la nueva democracia no tenía ya realmente nada que ofrecer. Ejemplo de este tipo de análisis, en este caso desde la sociología de la época, es Amando de Miguel, *Los narcisos. El radicalismo cultural de los jóvenes*, Barcelona, Kairós, 1979.

En la retórica *neoprogre,* convertida hoy en el principal rasgo discursivo de la nueva izquierda, estos viejos contenidos, al igual que la vieja hipocresía, aparecen acusados, si bien declinados de otro modo y con otro estilo. De un lado, la gazmoñería y el moralismo de esta retórica es hoy mucho más fuerte; de otro, conserva toda la vieja duplicidad que siempre acompaña a las formas ideológicas moralizantes. Por eso, el prefijo *neo,* que subraya la diferencia respecto de las primeras décadas de la democracia, resulta aquí pertinente.

El análisis de este estilo neoprogre es, sin embargo, difícil de resumir en un par de páginas. Sin duda, acompaña a una condición de clase, salida de las mismas fuentes de la mesocracia que se expresaron y luego se confirmaron tras el 15M. En lo «neoprogre» hay pocos restos de la vieja crítica social —que apuntaba a las desigualdades económicas y políticas—, sustituida por una denuncia continua de nuevas formas de opresión y de discriminación, que cotizan fundamentalmente en el lenguaje público y, cada vez más, en la tipificación de nuevos delitos.[17] De una forma extremadamente paradójica, lo neoprogre incluye una crítica desviada y a la vez despotenciada de las nuevas formas de desigualdad social.[18] Desviada, porque el motivo último de la ideología neoprogre es sostener una cierta forma de representación política, que aquí coincide con lo que llamamos izquierda: lo neoprogre es inseparable de una operación de legitimación de determinadas posiciones públicas. Despotenciada, en tanto los sujetos pacientes de tal desigualdad no aparecen sino como «víctimas individualizadas», que requieren de la necesaria intervención del Estado, para reconstituir el principio de la igualdad de oportunidades y de la meritocracia liberal. Como en su precedente, la ideología neoprogre no contiene una crítica a las posiciones sociales estructurales determinadas por un capitalismo en crisis, sustituidas por una mera lógica de correcciones culturales y resarcimientos morales.

En términos de discurso, los portadores de la ideología «neoprogre» se significan por su pretensión de defender, y a veces encarnar, ciertos valores cargados de una positividad exagerada y acrítica: inclusión, integración, diversidad, sostenibilidad, ecologismo, feminismo…

---

[17] La deriva punitivista de esta modalidad de la izquierda ha adquirido una centralidad tal que ya no cabe a este respecto ninguna duda sobre la posición «neutral» e «imparcial» del núcleo duro de los aparatos del Estado: Derecho, policía, judicatura, etc. Véase el análisis del feminismo punitivista contenido en este volumen.

[18] Sobre estas formas de desigualdad, y su articulación política y subjetiva en el discurso público merece la pena remitirse a los ensayos del sociólogo francés François Dubet, en su mayoría traducidas al castellano, especialmente *El nuevo régimen de las desigualdades solitarias,* Buenos Aires, Siglo XXI, 2022; y también *La época de las pasiones tristes,* Madrid, Siglo XXI, 2019; *¿Por qué preferimos la desigualdad?,* Madrid, Siglo XXI / Clave Intelectual, 2022.

Al mismo tiempo se construye el polo, igualmente exagerado y acrítico, de los males sociales y políticos: exclusión, derecha, machismo, fascismo, racismo. En este aspecto, la ideología neoprogre apenas esconde la voluntad de respetabilidad y distinción, o en términos nietzscheanos la ambición de servir de revulsivo moral en pro de los oprimidos y de los «débiles», siempre de la mano de la mala conciencia, para someter a los «fuertes» o «poderosos». De hecho, la «moralización» de la política, degenerada en moralismo, ha sido una de las críticas más recurrentes a esta forma de la política caracterizada por un régimen afectivo de indignación y agravio,[19] que tiende a desplazar a los viejos sujetos de la izquierda (la clase e incluso los movimientos sociales) por posiciones sociales que se cifran en términos de «identidad», «violencia» y «opresión».[20]

Lo «neoprogre», como forma ideológica particularmente hispana, tiene así notables correspondencias con el *liberalism* de origen estadounidense y con la usabilidad de «lo políticamente correcto», también común en el medio anglosajón. Lo neoprogre observa la misma vocación de convertir cada enunciado en un marco de posible ofensa de ciertos valores o a determinados colectivos sociales; una igual centralidad de las formas (como el lenguaje inclusivo, siempre según la centralidad comunicológica antes señalada) y una igual tendencia al juicio / indignación moral sobre casi cualquier cosa. También se comporta como un amplio movimiento de reforma moral, que opera en términos de pacificación de todas las violencias y opresiones (salvo obviamente las impuestas por el Estado, que si es de «izquierdas» son en última instancia legítimas, y por el mercado, que son inevitables).

En este sentido, la izquierda neoprogre se presenta públicamente como un movimiento por la mejora moral, no muy distinta de los viejos estilos del reformismo burgués, que históricamente ha comprendido desde los grupos protestantes de moral victoriana del siglo XIX hasta las formas de filantropismo moderno. Sobra decir la antipatía que todo ello genera entre aquellos que deben ser «reformados» y que

---

[19] Para una crítica en este sentido, que recoge además los viejos argumentos de Nietzsche de una forma creativa y provechosa, véase Wendy Brown, *La política fuera de la historia,* Madrid, Enclave de libros, 2014.

[20] La crítica a las políticas de la identidad ha dado curso por lo general a debates viciados, en los que la crítica legítima a una política centrada en el reconocimiento, que tiende a despotenciar a los sujetos y a impedir las alianzas políticas, es asimilada a la negación de las discriminaciones que efectivamente operan sobre ciertos colectivos sociales. En medio de esta bruma intelectual donde «todos los gatos son pardos», siempre a fin de ser eficaces en las guerras culturales, las políticas de la identidad quedan asimiladas así a viejos términos (como posmodernidad), o a un abandono de la política fuerte (en términos de clase, izquierda o nación), o todo ello junto. Para el caso español, a pesar de algunas tentativas interesantes, queda por hacer una crítica consistente a la recepción local de las llamadas «políticas de la identidad».

comprenden a todo el conjunto de la sociedad que no se identifica con la izquierda o en ocasiones es «de izquierdas» pero ya no «progre».

No obstante, el éxito de lo neoprogre reside en que va más allá de una ideología política, en el sentido convencional de un cuerpo de ideas o principios que sirven tanto de interpretación de la realidad como de apuesta política. La fuerte impregnación moral de estas posiciones lleva a sus mejores exponentes a operar sobre la base de una suerte de nueva religión mundana de salvación, que separa a los justos y a los buenos de los malos e impíos.[21] El miedo al error, a la equivocación, el requisito de iniciación en los códigos del juicio, en lenguajes esotéricos (que incluyen toda clase de modismos lingüísticos), o en ciertas formas de comportamiento y modales (que en ciertas versiones también tiene que ver con los hábitos alimentarios) refuerza el sentido de posición y unidad de aquellos que participan de esta «religión política», respecto de los apenas iniciados, que se deben comportar con reverencia y miedo.

En otra dimensión, lo neoprogre no se separa un ápice de las posiciones culturales de la época, y en cierto modo debe ser leído como la versión de «izquierdas» de la cultura neoliberal. En la reducción de la política a un juego de víctimas y agresores, situados en un larga escalera de privilegios-opresiones, expande la misma promesa de igualación e inclusión dentro del cuerpo social (con independencia de la procedencia, del color de piel, la diversidad sexo/género, etc.). Lo neoprogre comparte el principio de la igualdad de oportunidades, según el cual cada *individuo* debe ser reconocido en su singularidad y en su mérito con independencia de todos los «hándicaps culturales» que sufre en forma de sexismo, racismo, clasismo u otras formas de discriminación todavía vigentes. Además al considerar a los colectivos desprovistos de poder o en franca situación de explotación —por utilizar un lenguaje más preciso que el del privilegio cultural— como una colección de víctimas individualizadas, a veces de forma multifactorial, impide tanto su consolidación en grupos-sujeto, como su alianza en nuevas constelaciones proletarias. En tanto víctimas, la política neoprogre aspira a una reparación por parte del Estado, a ser «objeto» de sistemas de protección de las violencias, así como al reconocimiento cultural por parte de la sociedad.[22] Sin lugar para la paradoja, para los prac-

---

[21] Como fuente de inspiración para un análisis de este tipo de proyectos de moralización política, véanse tanto los análisis de Weber sobre la dominación carismática y tradicional, como su vasto proyecto de construir una sociología de las religiones en sus *Ensayos sobre sociología de la religión* (3 vols., Madrid, Taurus, 1987) y en las partes correspondientes de *Economía y sociedad. Esbozo de sociología comprensiva*, Ciudad de México, FCE, 1993.

[22] Para un desarrollo de este tipo de argumentos véase Daniele Giglioli, *Crítica de la víctima*, Barcelona, Herder, 2017.

ticantes de lo neoprogre, en posiciones de supuesto privilegio, basta con reconocerse «me siento culpable, eso me hace bueno», para seguir haciendo básicamente lo que hacía. La hipocresía, y el origen mesocrático de esta ideología moral, resulta por todo ello evidente a quien no ha caído en su órbita gravitatoria.

En todo caso lo que caracteriza a lo neoprogre como fenómeno específicamente hispano no es tanto que predomine un elemento católico (asimilado a una mala conciencia superficial), frente a otro de tipo protestante (según el mandato de la reforma moral interiorizada), sino de que se trata, en sus versiones más suaves, de una *ideología de gobierno*, que sirve para legitimar ciertas posiciones políticas, así como determinadas políticas públicas. Lo neoprogre es para la izquierda el gran motor de las guerras culturales que se activa contra su homólogo «facha» o «reaccionario». Pero también es el gran motor legislativo que entre 2019 y 2023 ha convertido el código penal en el instrumento preferido de reforma social. De ahí la centralidad de los delitos de odio, y de la persecución de los enunciados racistas, xenófobos o sexistas. De ahí también que produzca mayor escándalo cualquier comportamiento calificable como sexista o racista en el ámbito público (por ejemplo, entre famosos, o en el ámbito deportivo), que la superexplotación de las trabajadoras domésticas, la ley de extranjería, las expulsiones en caliente, la política europea de fronteras o los reiterados episodios de asalto a la valla de Melilla.

La izquierda, no lo olvidemos, consiste en un sector político que gobierna amplias parcelas del Estado y que requiere de continuo material ideológico sobre el que sostener su posición. El estilo neoprogre se presta como un mecanismo rápido de identificación y legitimación, como el medio más eficaz para organizar la polaridad con la «derecha», así como para disciplinar al bloque interno. En última instancia y como toda ideología de gobierno, lo neoprogre se ha convertido en una batidora capaz de triturar y hacer tragable cualquier contenido de la crítica social, venga de donde venga, siempre y cuando esté desprovisto de sus contenidos activos, esto es, de organización, conflicto y a la postre violencia.

La integración de los movimientos sociales

Entre los pilares de la nueva izquierda hay otro espacio que es preciso analizar y que resulta especialmente importante en tanto logra realizar cierta unificación «por abajo» de la izquierda. Se trata de la figura política comprendida dentro de la rúbrica «movimientos sociales». A este respecto, sin embargo, es necesario hacer cierta aclaración: la categoría «movimientos sociales» ha servido como un cajón de sastre dirigido a abarcar dentro de sí casi cualquier forma de movilización social que no pasara por los canales institucionales (los partidos principalmente), al menos en sociedades ricas, fragmentadas y dominadas por las posiciones sociales características de la clase media.[23] La política de los movimientos sociales, hecha por lo general de demandas sociales parciales, significaba en el ámbito de las ciencias sociales el fin de la centralidad obrera característica de la modernidad industrial y el advenimiento de una conflictividad más compleja y también más *soft,* característica de las sociedades posindustriales. De forma algo imprecisa, la sociología ha tratado de discriminar estas formas de movilización como resultado, alternativamente, de un cambio general de los consensos sociales (un cambio de valores de aquellos materiales a otros nuevos, «postmateriales»), de la propia opulencia del largo periodo keynesiano-fordista (en la que amplios sectores ya no están subordinados a condiciones de inseguridad material), de las contradicciones entre ese mismo progreso material y sus consecuencias contradictorias o catastróficas (tal y como apuntaba el movimiento ecologista y pacifista), y de los conflictos que surgen a partir de una ciudadanía restringida dentro de las formas sociales normativas del Estado nacional, así como de su necesidad de ampliarla (al modo en que han expresado todas las luchas de «minorías»).[24]

Es sintomático que la gran mayoría de los sectores políticos activos —lo que podríamos reconocer, con un viejo nombre, como el tejido militante— haya aceptado el término «movimientos sociales» como categoría de autoidentificación. De hecho, desde la década de 1970, la referencia a los viejos marcos ideológicos de la acción política (marxismo, socialismo, anarquismo) no ha hecho más que perder terreno, frente a la autosuficiencia de la acción contenida en la práctica local, comunitaria o «sectorial». A pesar, por tanto, de los numerosos intentos de reflexionar sobre otros horizontes menos vinculados a la categoría «movimientos sociales» —como la vieja denominación «movimiento alternativo» o el intento de retomar la idea de sindicalismo, aunque sea declinado como «social», o de reivindicar el universalismo a partir de su lucha específica como proponían ecologismo o feminismo—, el nombre, pero también la lógica, de los «movimientos sociales» se ha impuesto como forma predominante de comprensión de toda aquella forma de activación política que no pasaba directamente por las instituciones de Estado.

---

[23] La primera sociología sobre los movimientos sociales, o los entonces llamados «nuevos» movimientos sociales es bastante amplia y recoge nombres como Sidney Tarrow, Alain Touraine, Alberto Melluci o Charles Tilly. Entre estos tempranos teóricos, un análisis singular y en absoluto complaciente, es el de Claus Offe, vinculado en cierto modo a la Escuela de Frankfurt y en parte comprometido en el origen de los Verdes alemanes. Véase *Partidos políticos y nuevos movimientos sociales,* Madrid, Sistema, 1988.
[24] Véase a este respecto los trabajos clásicos de la sociología de Daniel Bell, Inglehart, Touraine, etc.

Como era previsible, en la estela que siguió al 15M, el paradigma de los «movimientos sociales» ha seguido siendo hegemónico en el ámbito de lo que antiguamente se llamaba política extraparlamentaria, pero de una forma que resulta cada vez más diferenciada respecto de la existente antes de 2011. La forma movimiento social se ha visto, de hecho, arrastrada por las mismas fuerzas que han empujado la recomposición de la izquierda. Ha experimentado así una suerte de proceso de institucionalización tardía, hasta el punto de convertirse en lo que podríamos llamar el cuarto fundamento de la nueva izquierda. De forma muy resumida, en el curso de los últimos 15 años, los movimientos sociales han pasado de ser una modalidad organización de lo político relativamente marginal, casi siempre antiinstitucional, atravesada por un libertarismo de base asamblearia y de matriz antiestatal, a ser progresivamente otra cosa, que también se entiende *dentro* de la izquierda.

Este proceso no ha seguido el curso del viejo movimiento sindical, convertido en una suerte de aparato estatal incrustado en la negociación colectiva y en la cogestión, por parcial que esta sea, de los sistemas de bienestar. La característica difusa, emergente, sin centro de los movimientos sociales se ha conservado, aunque solo sea porque estos constituyen la condición definitoria de la forma «movimiento». Pero incluso a partir de esa matriz descentralizada, con cristalizaciones apenas sólidas, sujeta a ciclos de emergencia y retracción, los movimiento sociales han experimentado un particular proceso de institucionalización.

Tal institucionalización tiene que ver, antes que nada, con la aceptación por buena parte de los mismos de un rol o papel dentro de las fuerzas de izquierda. Este consiste en concebir y disponer su actividad según una posición que se considera «externa» a los canales institucionales convencionales (principalmente los partidos), pero funcional a las posiciones institucionales de la izquierda. Dicho brevemente, esta nueva política para los movimientos sociales podría resumirse en «presionar desde fuera para sancionar conquistas en forma de leyes y derechos provistos por los gobiernos de izquierda».

En ningún caso, la adecuación a esta «función» se manifiesta de forma más acabada que en la transformación de los movimientos sociales según el paradigma «comunicológico» antes descrito. También aquí, la construcción de la visibilidad mediática se ha convertido en el principal criterio de eficacia de este tipo de prácticas. Así, la elección de portavocías, de una «estrategia comunicativa» o la teatralización de las acciones para su representación en los medios han adquirido un creciente protagonismo frente a la construcción de «comunidades de afectados», instituciones propias o la articulación de conflictos sostenidos en el tiempo sin responsabilidad alguna respecto de las posiciones institucionales de la izquierda.

Básicamente, hoy un movimiento *existe* si dispone de los instrumentos para su presentación pública, esto es, mediática. Y esto constituye *su verdad*. Paradójicamente, la principal consecuencia de este proceso de institucionalización reside en la crisis de la forma «movimiento» como instancia de representación social, esto es, como forma de movilización política que precisamente por no estar institucionalizada logra legitimidad y reconocimiento, al menos dentro de un segmento significativo de la sociedad.

Esta adecuación al «paradigma comunicológico» de los movimientos sociales ha impedido que dentro de los mismos se establezca una lógica tensión entre «activistas» y «afectados / representados», al modo de un conflicto interno entre una suerte de élite activista y las comunidades organizadas. En tanto el objetivo prioritario es la representación mediática —último grado de la eficacia política de un movimiento—, la comunidad de lucha se vuelve prescindible, pudiendo quedar relegada a una condición de mero espectador en la negociación entre sus representantes y las instituciones del Estado. La forma movimiento social, asociada cada vez más a la izquierda, o incluso a la izquierda en el gobierno, se ha convertido así en una forma más de representación, que en ocasiones sirve antes a la desmovilización de los mismos sectores sociales que se quiere representar que a su activación política.[25]

Hay además otro elemento que tiende a sellar este proceso de institucionalización, y que tiene que ver con la capa activista que opera bajo el nombre movimientos sociales. Este sector ha experimentado un proceso de profesionalización, que en determinados ámbitos y territorios podría haber culminado en su consolidación como una fracción o segmento de lo que se ha llamado *clase proyectista*.[26] La clase o fracción «proyectista», comprendida dentro de la nueva clase media profesional, se distingue de otras posiciones dentro de la misma por su capacidad para generar redes y emprender proyectos monetizables

---

[25] Merecería aquí recuperar y analizar con más detalle el concepto de «paz social subvencionada» propuesto por Corsino Vela en sucesivos trabajos: *La sociedad implosiva*, reed., Madrid, Traficantes de Sueños, 2022 o *Capitalismo terminal. Anotaciones a la sociedad implosiva*, Madrid, Traficantes de Sueños, 2018.

[26] Este término empleado se inspira en el trabajo etnográfico de Graeber (*Trabajos de mierda. Una teoría*, Barcelona, Ariel, 2018), que reconoce la figura del especialista en la subcontratación pública, así como en la figura del gestor de redes descrito por Boltanski y Chapiello (*El nuevo espíritu del capitalismo*, Madrid, Akal, 2002). No obstante, aquí se emplea con el objeto de designar a aquel sector que vive de la subvención pública y que tiene como función principal la producción de proyectos para las administraciones, especialmente en el ámbito cada vez más amplio de lo que podríamos llamar «ingeniería social». Se trataría, por tanto, de una suerte de mezcla entre la condición «de mierda» del trabajo que señala Graeber y una suerte de empresariado social, volcado en la creatividad expansiva del «servicio público».

en última instancia para sí misma. En lo que se refiere a este segmento activista de la clase proyectista, su campo de oportunidad habría estado en su capacidad para convertirse en portadora de distintos saberes expertos, asociados a las demandas de los movimientos en los campos de la sensibilización, la asesoría, la pedagogía (ambiental, de género, antirracista), la solución de conflictos (mediación), la promoción comunitaria, etc.

De forma correlativa, el experto activista se ha convertido en objeto de una atención creciente por parte de las administraciones —y no solo de aquellas gobernadas por la izquierda—, que han encontrado en sus saberes, y sobre todo en su promoción pública, un instrumento de racionalización y ampliación del sentido de la acción pública, en la misma línea sobre la que se construyó el tercer sector. De hecho, una parte creciente de este segmento de actividad parapública está siendo capitalizado por la figura del experto activista.

De otra parte, a nivel propiamente interno de los movimientos sociales, la figura del «experto activista» ha adquirido el rango de carrera profesional, con consecuencias inevitables. La creciente profesionalización de este tipo de activismo ha logrado realizar la promesa de una «militancia con premio», tras años de generosidad y voluntarismo desinteresado, en el marco de unas prácticas políticas hasta hace poco prácticamente imposibles de monetizar. Integrado en institutos y observatorios con abundante financiación pública, o en cooperativas y asociaciones que trabajan por encargo principalmente de las administraciones, el experto activista se ha consolidado como una suerte de parafuncionariado, ligado, quiera o no, a la fortuna de las posiciones de la izquierda en las instituciones del Estado. En la medida en que este experto activista es también uno de los principales portadores y generadores de la ideología «neoprogre», su función técnica (cuando existe) se acompaña inevitablemente de un fuerte componente ideológico con alto valor en el mercado político.

En aquellos territorios —principalmente en Catalunya— donde esta figura se ha desarrollado con más amplitud, las transferencias públicas han llegado a construir un verdadero subsector económico, dominado por esta figura del «activista experto». Este consiste en un amplio tejido conformado por institutos parapúblicos, asociaciones, cooperativas, pero también espacios de socialización, consumo y gestión cultural. La ambigüedad de este espacio social puede resultar inquietante y, desde luego, desconcierta. De un lado, se presenta públicamente como el reflejo de una nueva y verdadera sociedad civil, basada en la autogestión y la autoorganización. De otro, resulta evidente la fuerte dependencia de este segmento laboral respecto de la contratación pública y de distintos paquetes de subvenciones y ayudas públicas. En última instancia, este espacio se asemeja más a una nueva forma de clientelismo político y patronazgo social que al desarrollo de algún tipo de contrasociedad. Por si esto fuera poco, la propia condición social del activista experto —recuento en la mayor parte de los casos de la clase media profesional precarizada—, su desarrollo profesional dentro de este sector parapúblico y las prebendas a su alcance —como por ejemplo, la promoción de cooperativas de vivienda sobre suelo público, en régimen de cesión o donación—, tienden a separarlo del conjunto de los sectores sociales más precarios. Su carácter «populoso» no coincide así con una condición «popular».

*

En este breve análisis de la nueva izquierda —de lo que propiamente podríamos llamar *sus bases materiales*— parecen definirse así tres figuras sociales principales: el político, el comunicólogo y el activista experto. La primera, el político, es seguramente el tipo social más representativo y tradicional. Se trata de una persona a sueldo en la «industria de la representación», que ha convertido esa condición de «servicio público» en su oficio y en su principal medio de vida. La/el político de la nueva izquierda se distingue, sin embargo, del viejo, por sus condiciones de promoción y reproducción. No se trata ya tanto de una persona de partido, que se educa desde joven en una estructura disciplinaria y en la que según sus dotes y su docilidad progresa dentro de la misma. El nuevo político de izquierda opera antes bien como un empresario o empresaria de sí mismo, capaz de aglutinar o aglutinarse en determinado rango de adhesiones, dentro del caldo siempre revuelto de candidaturas y de alianzas cambiantes (Podemos, Unidas Podemos, candidaturas municipales, Sumar, etc.). El ecosistema de la nueva izquierda dominado principalmente por notables y subordinado a su capacidad para «comunicar» según una lógica de tipo fundamentalmente carismático, es seguramente por eso más frágil y más dúctil (también para los poderes del Estado y los grandes actores económicos) que los equipos salidos de las viejas estructuras partidarias.

La segunda figura es la del especialista en comunicación según distintas variantes: el periodista en los medios digitales, pero siempre con fuerte presencia en redes; el comunicólogo profesional, ya sea como *community manager*, ideólogo o estratega de medios; y el comunicador semiprofesional, que ha convertido la red —principalmente twitter, pero no solo— tanto en su principal militancia, como en su medio de distinción y visibilización social. La exigencia de dinamismo y flexibilidad sobre esta segunda figura es también mucho mayor que la de las viejas estructuras de los grandes medios de prensa, y por lo mismo también más frágil y maleable. El «comunicólogo» es además extremadamente funcional a la lógica de polarización según las formas de la guerra cultural y de la subordinación de la acción política a la acción comunicativa.

Por último tenemos al activista experto, militante de los movimientos sociales, que ha convertido esa militancia en un medio de vida asociado a la ciudad por proyectos,[27] ya sea en institutos, fundaciones o en cooperativas, asociaciones y tercer sector. Por señalar un precedente importante, el activista experto recorre una trayectoria parecida a la de la militancia de la extrema izquierda que en la década de 1980 empujó y se acopló a la proliferación del nuevo espacio de las organizaciones no gubernamentales. Las ONG fueron, efectivamente, el embrión del tercer sector y de una nueva forma de producción ideológica institucionalizada, al modo de las entidades de sensibilización y ayuda a minorías, refugiados, marginales, etc. Esta pléyade activista acabó, por lo general, por tener formas de actividad plenamente funcionales a la lógica partidaria. Y aunque existen algunos casos interesantes, la tónica de este movimiento asociativo ha sido políticamente irrelevante y en algunos casos rayana en la caricatura.[28]

Las tres figuras mencionadas se han constituido como medios de integración de segmentos políticos antes marginales en términos institucionales, a través de canales oficiales o paraoficiales auspiciados por el Estado, y siempre en última instancia sostenidos por el mismo. Una posible lectura de este proceso de institucionalización podría explicarse como una inserción positiva de las «luchas» dentro de los aparatos de Estado, esto es, como un avance en la democratización de la estructura misma del Estado. La pregunta a la que se tiene que someter este tipo de integración, sigue siendo la misma: ¿es la nueva izquierda un espacio capaz de convertirse en instancia de representación de las figuras de la crisis? ¿Es un medio útil como lugar de articulación o alianza de los conflictos sociales potenciales? ¿O incluso en términos más modestos, puede esta izquierda siquiera operar como mecanismo de integración y pacificación de los mismos, según su largo papel en las democracias liberales?

---

[27] Según la conocida expresión de Boltanski y Chapiello, con la que caracterizan el carácter del trabajo posfordista, heredero en buena medida de lo que llaman la crítica artista de 1968 en *El nuevo espíritu del capitalismo...*

[28] Es interesante señalar que el desarrollo del ámbito del asociacionismo y el llamado tercer sector se produjo a partir de la década de 1980 en España, a caballo de dos procesos paralelos: la derrota definitiva de la izquierda sellada en el referéndum de la OTAN de 1986 y el comienzo de la dinámica de subcontratación de servicios por parte del Estado, especialmente en el ámbito de los servicios sociales. Para muchos militantes de la época, cerradas ya las posibilidades de incorporación política, el trabajo en ONG se convirtió entonces en su salida laboral natural.

La izquierda frente a la crisis

La recomposición de la izquierda, y sobre todo su creciente monopolio como horizonte político en el caso español, implica algunas consecuencias prácticas, que no se pueden obviar. Por presentarlas de forma esquemática, la primera, y seguramente la decisión fundamental ante esta reinstalación de la izquierda, es la de qué hacer *con* ella e incluso *frente* a ella. El rango de opciones es amplio y va desde la credulidad del creyente hasta la más completa hostilidad del anarquista recalcitrante. En la esfera intermedia del *oportunismo,* incluso del más legítimo, se puede encontrar una cierta inteligencia que hace de lo existente lo único posible. De forma muy resumida, esta tendencia, que podría reconocerse sin mucho problema en la práctica totalidad de la crítica precedente, apostaría por el trabajo *dentro* de la izquierda, estimulando los estrechos márgenes de crítica interna y ampliando los espacios autónomos de reflexión y organización, pero compartiendo el marco de la izquierda necesaria como freno a la derecha y al «fascismo» por venir, la importancia de ocupar espacios institucionales y la necesidad de subordinar la crítica a una posición llamémosla *pragmática.*

Hay en esta posición, no obstante, una serie de límites más o menos severos, que pueden echarla a perder y que de hecho la echan a perder. Esquemáticamente podemos resumirlos en tres:

1. El terreno de posibilidad de la izquierda ha estado concentrado en una combinación virtuosa de gobierno y relajación del control político por parte de las instancias del mando económico especialmente a escala europea. La *izquierda ha sido posible* por la larga resaca del 15M, que empujó a Podemos y todas sus variantes, primero a los gobiernos municipales y luego al gobierno del Estado. Sin esta canalización del 15M hacia el gobierno —o por decirlo, de otro modo, si el 15M hubiera acabado en otra hipótesis—, no habría habido espacio alguno para la resurrección de lo que antes de 2011 parecía un cadáver. En segundo lugar, *si la izquierda ha hecho,* o más bien *ha parecido hacer algo,* la razón descansa no tanto en su inquebrantable voluntad de reforma social, como en los marcos de lo posible determinados por el giro de la gestión de la crisis económica a escala europea (por no decir global). Desde finales de 2015, esta ha pasado, en efecto, por una vía distinta a la austeridad neoliberal impuesta entre 2008 y 2014.

En demasiadas ocasiones se olvida que los marcos políticos nacionales están sobredeterminados, por no decir que son delegados, de las instancias de poder supranacional, que operan con rango de «capitalista colectivo», muy por encima del poder formal de los Estados. Desde 2015, la autonomía relativa de los gobiernos europeos ha descansado en el tibio giro neokeynesiano cifrado en los programas de inyección de liquidez (compra de bonos por parte del BCE, QE, Next Generation, etc.), que a partir de ese año han acumulado cifras que superan el umbral anual del billón de euros.[29] Una prueba decisiva de esta determinación del radio acción de las izquierdas se puede encontrar en la comparación del tratamiento europeo despachado a Syriza —con un componente infinitamente más desafiante que el de la actual izquierda española y con una inteligencia política también muy superior— entre 2014-2015, con el aplicado a la coalición PSOE-Podemos a partir 2019. Por resumir mucho, la «coalición más progresista» de la historia de España desde 1936 ha dispuesto de márgenes suficientes para aplicar políticas de pacificación social en términos de expansión del empleo público, ampliación del gasto público y contención de los aspectos más lesivos del programa neoliberal. El contenido último de la izquierda reside fundamentalmente en este giro inverso de la austeridad a la expansión del gasto y la deuda pública.

En cualquier caso, para este «posibilismo de la izquierda» debería quedar claro que ninguna de estas dos condiciones señaladas tienen un futuro garantizado. El gobierno se puede perder y, de hecho, ha estado a punto de perderse en las elecciones de julio de 2019. Por otra parte, la gestión de la crisis —en una secuencia que se extiende desde 2008 hasta el presente— admite un amplio rango de respuestas, que pueden ir desde la vuelta a la austeridad, hasta la apropiación de soluciones sociales (medidas de pacificación eficaces) por parte de una derecha centrada en torno al PP o una izquierda (como ocurre hoy con PSOE-Sumar) cada vez más disciplinada. En una tendencia a medio plazo, los dos factores descritos, incluso si no sufren modificaciones sustanciales, implican una erosión progresiva de la izquierda y la vuelta a una forma de turnismo o recambio, capaz de sostener las funciones de la «normalidad institucional» en un régimen democrático.

2. *La clientela social de la nueva izquierda es seguramente más estrecha que la vieja; y no tiene, además, visos de poder ensancharse.* En términos exclusivamente sociológicos, la nueva política luego

---

[29] Existe un cierto debate sobre si la política de expansión cuantitativa, y sus efectos en forma de un relajamiento relativo sobre el gasto público, merece la etiqueta de «keynesiana» (con sus diferentes prefijos: neo, post, etc.). Ciertamente, no hay indicios claros de abandono a escala europea de la ortodoxia neoliberal. Sobre el caso español, una perspectiva de este debate se puede leer en Daniel Albarracín, «¿Una vuelta a Keynes en la política económica española?», *Viento Sur,* núm. 187, 2023.

capitalizada bajo las siglas de Podemos no ha rebasado el marco social de una izquierda que, desde la década de 1970, ha ido perdiendo sus bastiones en un mundo «obrero» en franca decadencia —caso de ceñirlo al empleo en la industria, la construcción y el peonaje agrícola—, para instalarse en determinados segmentos de la clase media profesional y del empleo público. Una de las sorpresas al considerar el voto a Podemos-Sumar, las confluencias y a todas las secciones parlamentarias de la izquierda (como la CUP, Bildu, etc) es que este tiende a concentrarse en determinados segmentos generacionales (principalmente los menores de 45), normalmente con formación universitaria (de hecho, Podemos-Sumar solo disputa la primera fuerza de voto entre los estudiantes) y en las categorías profesionales de nivel alto y medio.[30] Característicamente se trata de los reemplazos de la clase media, relativamente precarizadas y con cada vez más problemas de realización de una carrera profesional propiamente dicha. En los segmentos más típicamente populares como el grupo de los desempleados o de los trabajadores no cualificados («ocupaciones elementales» según el CIS), o en términos educativos aquellos sin titulaciones, con el título de primaria o la secundaria obligatoria, Podemos y similares prácticamente desaparecen en favor del PSOE. Lo mismo sucede entre pensionistas y mayores.[31] En otras palabras, la condición social del voto de izquierdas refleja la condición social de la clase política de esa izquierda; y en términos generacionales la correspondencia es perfecta.

Sin duda, esta izquierda recompuesta podría apelar y, de hecho apela, a otros segmentos «populares». La izquierda tiene una vocación de mayoría social, la cuestión es ¿por qué no rebasa los marcos de la composición social de sus representantes? Lo que podría reconocerse como una nueva alianza social, al estilo de la izquierda que protagonizó la Transición española, y que por un lado empujó el pacto social y por otro desplazó todo protagonismo obrero en los pactos políticos, resulta hoy prácticamente imposible. En cierto modo, la nueva izquierda es pagana de su propia condición social, relativamente aislada en su amplia burbuja generacional y cultural. La construcción de lo neoprogre como bandera ideológica y la propensión a la guerra cultural, en tanto forma de expresión del antagonismo político, separan inevitablemente a la nueva izquierda de aquellos sectores sociales que interpela casi siempre de forma paternalista y que apenas conoce: «Los de abajo», «los pobres»,

---

[30] Véanse al respecto los Barómetros del CIS sobre intención de voto entregados trimestralmente.

[31] Ibídem.

«los vulnerables», a pesar de su pretensión de «gobernar para la gente», «no dejar nadie atrás». Conviene reconocer que hoy los «malestares populares» no encuentran ninguna forma de expresión y reconocimiento entre los que se muestran como sectores «semiprivilegiados», similares en términos sociales y de capital cultural a sus presuntos oponentes.

La quiebra de esta separación social no puede ser nunca meramente discursiva. Requeriría de espacios de hibridación social y cultural efectivos y de articulación de alianzas concretas en conflictos concretos. En otras palabras, requeriría romper la centralidad de la política como «comunicación», sobre la base de la construcción de instituciones propias, conflictos materiales y formas de organización específica. Señalar de forma reiterada al movimiento de vivienda como excepción no resuelve este problema que es propiamente el gran problema de una política del contrapoder en esta época.

3. De forma consecuente con las dos premisas anteriores, *la nueva izquierda presenta un creciente problema de ceguera sobre todo aquello que escapa a su ámbito de representación* — institucional y mediática—. Por eso la izquierda tiende a hacer coincidir su espacio social y cultural con el mundo social como un todo. En este sentido, *esta izquierda es cada vez más idiota*, en la propia etimología griega del término *idios*, referido a lo propio y lo privado. Ensimismada en sus luchas internas, encerrada en su propia ideología, en el doble diálogo cerrado entre clase política-esfera mediática e izquierda-derecha, esta nueva izquierda no aparece ni dispuesta ni abierta a las emergencias que van a aparecer necesariamente en la forma de *nuevas instancias de la crisis*.

Sin duda esto no quiere decir que la izquierda vaya a ser completamente ciega a lo que ocurra en los próximos años. Antes al contrario, la izquierda hablará y hablará de todas las formas de emergencia por venir, sean estas revueltas en las periferias urbanas, huelgas descontroladas en sectores imprevistos (logística, servicios públicos), cortes de carreteras o tomas masivas de la vía pública. La izquierda tratará de saturar semióticamente el campo de estas emergencias, impidiendo cualquier forma de expresión que apunte a su autonomía, y a ampliar su potencial de conflicto. Cumplirá con su papel en términos alternativamente de condena moral o paternalismo, rechazo o apremio, anidmaversión o simpatía. En cualquier caso, tratará siempre de «representar» lo que estaba decisivamente fuera de su radar. Lo que no hará en ningún caso es organizar, empujar, tratar de dar medios propios de expresión, esto es, impulsar una política autónoma de estas instancias sociales en curso de convertirse en sujetos políticos.

Por todo ello, es probable que esta recomposición de la izquierda tenga un carácter efímero, o al menos ya emitido con fecha de caducidad. Si el 15M fue una vasta expresión política de una profunda crisis de representación y de desconfianza respecto de los canales institucionales de la democracia española, la crisis de representación tiende a ser el horizonte a medio plazo de la crisis general. El empeño de esta izquierda en recuperar la ilusión por la política institucional parece por tanto condenado, al menos a medio plazo. Caso de compartir este diagnóstico, la cuestión es por tanto doble ¿qué hacer ante / frente a la izquierda, incluida aquella más inteligente y «oportunista»?, pero también y sobre todo ¿cómo reconstruir una política de la autonomía?

La fallida «revolución pasiva» española

Brais Fernández*

Hablar de «fin» o de «cambio» de ciclo se ha convertido ya en un lugar común en la izquierda española. Como todas las expresiones que se popularizan, expresa una verdad obvia e inapelable: la situación política ha cambiado con respecto de la fase anterior. El problema es que rara vez se concreta lo que ha cambiado, salvo para naturalizar el proceso: hemos pasado de un animado verano a un largo invierno. Como decía el *Eclesiastés*, se asume que «todo gira y cambia», pero sin explicar claramente el proceso que conduce a esta alteración climática, la cual sería la precondición para un balance estratégico que permitiese preparar nuevas batallas. La izquierda progresista no es «negacionista» del cambio de ciclo, pero su actitud recuerda a los que intentan explicar el cambio climático sin analizar el papel del modo de producción capitalista: nominar los efectos sin abordar radicalmente las causas.

En este texto, se prueba a discutir el marco de «revolución pasiva» formulado por Antonio Gramsci para explicar el proceso por el cual el impulso destituyente que se desplegó en España tras la crisis de 2008 ha terminado integrado en el orden del régimen que aspiraba a derribar. La formulación de este marco nos permite analizar también la nueva coyuntura. La particularidad de esta deriva está en que, en nuestra opinión, hay causas de fondo que convierten este intento de

---

* Brais Fernández es miembro de la redacción de *Viento Sur* y militante de Anticapitalistas.

«revolución pasiva» en algo fallido e incompleto, lo que no implica que este proceso no tenga efectos reales. Partiendo de esta hipótesis, se tratará de clarificar lo que significa el concepto de «revolución pasiva» para el pensador sardo, para posteriormente adentrarnos en el análisis del ciclo español, extrayendo una serie de conclusiones políticas que nos permitan abordar desde cierto «realismo activista» la nueva fase política.

El concepto de revolución pasiva en Gramsci

Gramsci es el gran pensador de la derrota del movimiento obrero tras el ciclo revolucionario de Octubre. Lo hace partiendo de referencias a veces lejanas a la historia italiana, pero con el objeto de desarrollar la idea de que, en pro de su estabilización, el capitalismo es capaz de dotarse de nuevas articulaciones en el terreno de la hegemonía política, un planteamiento que choca con las tendencias neocatastrofistas presentes en la Internacional Comunista:

> Tanto la «revolución-restauración» de Quinet como la «revolución pasiva» de Cuoco expresarían el hecho histórico de la falta de iniciativa popular en el desarrollo de la historia italiana, y el hecho de que el «progreso» tendría lugar como reacción de las clases dominantes al subversivismo esporádico e inorgánico de las masas populares con «restauraciones» que acogen cierta parte de las exigencias populares, o sea «restauraciones progresistas» o «revoluciones-restauraciones» o también «revoluciones pasivas».[1]

En ese sentido, la revolución pasiva sería un proceso de «conservación-innovación», que puede dar lugar a una pasivización de corte progresivo o de corte reaccionario, pero siempre marcada por un límite que expresa explícitamente Gramsci: «Sin por ello tocar (o limitándose solo a regular y controlar) la apropiación individual y de grupo de la ganancia». En ese sentido, como destaca Massimo Modonesi, «el lugar o el momento estatal es crucial a nivel táctico, ya que recompensa la debilidad relativa de las clases dominantes».[2] Por lo tanto, la nueva hegemonía no se establecería reproduciendo de forma fotográfica la vieja formula anterior, porque «el movimiento histórico no se vuelve nunca hacia atrás y no existen restauraciones *in toto*».[3] Como él mismo aclaraba, se trataba entonces de definir si «en la dialéctica

---

[1] A. Gramsci, *Cuadernos de la cárcel,* Ciudad de México, Era, 1986, cuaderno 8, § 25, p. 231.
[2] Massimo Modonesi, «Pasividad y subalternidad: Una relectura del concepto gramsciano de revolución pasiva» en *La revolución pasiva: una antología de estudios gramscianos*, Manresa, Bellaterra, 2022.
[3] A. Gramsci, *op. cit.,* cuaderno 9, § 133, p. 102.

"revolución-restauración" es el elemento revolución o el de restauración el que prevalece».[4] Este proceso, sin duda, es convulso y está lleno de conflictos, pero con un objetivo claro: «La clase tradicional dirigente [...] hace incluso sacrificios, se expone a un futuro oscuro con promesas demagógicas, pero conserva el poder, lo refuerza por el momento y se sirve de él para aniquilar al adversario y dispersar a su personal de dirección».[5]

La revolución pasiva es un resultado distorsionado de la lucha de clases: la clase dominante puede incorporar algunas demandas de los subalternos, pero a costa de desactivar su capacidad de iniciativa y de ejercicio del poder. Existen causas estructurales para ello, ya que «los grupos subalternos sufren siempre la iniciativa de los grupos dominantes, aun cuando se rebelan e insurgen»[6] y la «no superación» de las mismas es lo que define la aparición de la revolución pasiva, en oposición a la revolución activa. Sin la superación de estado de «subversivismo inorgánico», las clases populares estarán condenadas a «la absorción de los elementos activos surgidos de las clases aliadas, e incluso de las enemigas. La dirección política se convierte en un aspecto del dominio, en la medida en que la absorción de las élites de las clases enemigas conduce a la decapitación de estas y a su impotencia».[7]

En ese sentido, una revolución pasiva va siempre acompañada de un proceso de transformismo por parte de una facción dirigente de las clases subalternas, que pasa a integrarse también de forma subalterna en el restablecimiento de la hegemonía de la clase dirigente. Como buen marxista, relacionaba estos cambios políticos con modificaciones en la organización social del capital:

> La revolución pasiva se verificaría en el hecho de la transformación de la estructura económica de modo reformista, de individualista a planificada (economía dirigida) y en el surgimiento de una «economía media», entre la individualista pura y la planificada en sentido integral, que permitiría el paso a formas políticas y culturales más progresistas sin cataclismos radicales y demasiado destructivos.[8]

En ese sentido, la pasivización de las clases subalternas significa también un proceso de corporativización «que hasta ahora ha impedido al proletariado occidental organizarse en clase dirigente», provocando que «el grupo portador de las nuevas ideas no sea el grupo económico,

---

[4] Ibídem, cuaderno 9, § 133, p 102
[5] Ibídem, cuaderno 13, § 23, pp. 52-53
[6] Ibídem, cuaderno 21, § 2, p. 178
[7] Ibídem, cuaderno 1, nota, 44.
[8] Ibídem, cuaderno 8, p. 236.

sino la capa de los intelectuales».[9] En definitiva, estamos ante un proceso profundo y de largo recorrido, que opera como respuesta de la clase dominante a la crisis permanente mediante el cual desarrolla su poder de disgregación de las tesis adversarias.

Una vez hemos puesto sobre la mesa las principales características del concepto de «revolución pasiva» en Gramsci, podemos tratar ahora de aplicarlo al ciclo político español, delimitar sus niveles de «conservación-innovación», así como de posible perdurabilidad. El marco de la revolución pasiva nos lleva a plantearnos la pregunta gramsciana: «¿En qué formas lograron los moderados establecer el aparato de su dirección política?».

El largo ciclo español y sus vectores

Desde la crisis de 2008, el ciclo de movilización social y política español generó varios tipos de movimientos disruptivos, que ponían en cuestión el orden político surgido del pacto de 1978. En realidad, pese a formar parte del mismo ciclo largo apreciamos diferencias sustanciales entre ellos. Esquemáticamente, podríamos nombrar cuatro grandes olas:

1. La ola 15M-mareas, en la que grandes capas de las clases medias, trabajadoras y populares, expresan su malestar en las calles, con diversas formas de acción enlazadas a un proceso internacional que va desde las revoluciones árabes hasta las huelgas generales en Grecia. Esta ola da inicio a una crisis orgánica en el Estado español. En cualquier caso, la crisis no llega a ser una crisis de Estado ni a poner en cuestión seriamente el régimen político, pero es «orgánica» porque escinde a amplios sectores de la población de sus partidos tradicionales, reduciendo el margen de maniobra del bipartidismo.

2. La fase Podemos-muncipalismo. En esta fase, la mayoría de la generación activista, pero también sectores de las clases populares, apostaron por un asalto institucional que terminó con un rotundo fracaso en el terreno rupturista y en la conformación de una nueva clase política renovada, que hoy forma parte, de forma subalterna, de la gobernanza estatal y de la nueva clase intelectual que la sostiene.

3. Un largo ciclo independentista catalán que, partiendo de la imposibilidad de reformar el Estatut de Autonomía surgido de la Transición, se embarca en un proceso que culmina con el referéndum desobediente y popular del 1 de octubre de 2017. La

---

[9] Ibídem, cuaderno 10 II, § 61, pp. 232- 233.

derrota de este proceso abre paso a una nueva fase en la que se combina la agonía del independentismo con la búsqueda de una salida transformista que restablezca los clásicos equilibrios sobre los cuales se sostiene el régimen territorial español.

4. Un proceso de movilización posterior de carácter internacional, previo a la entrada en el gobierno de la coalición liderada por Podemos, marcado por las demandas feministas y ecologistas que apuntaban al fondo de la lógica sistémica, pero cuyo límite estructural está en la vuelta a la lógica de las «demandas» y la presión al gobierno.

Esta enumeración esquemática nos permite comprender una serie de cuestiones a la hora de analizar el proceso transformista llevado a cabo por las fuerzas surgidas de la crisis de 2008 y sus mutaciones a lo largo de diferentes momentos. En primer lugar, estas fases nunca llegan a coincidir en el mismo espacio-tiempo. Cuando Podemos irrumpe, la movilización del 15M llevaba tiempo agonizando; cuando las movilizaciones feministas y ecologistas irrumpen, no suponen (pese a su indudable carácter progresivo) un reimpulso que permita rearmar un bloque político anti-régimen, antes bien acompañan de alguna forma la conformación de un nuevo bloque progresista liderado por el PSOE y con la participación de las fuerzas políticas surgidas del ciclo de movilizaciones anterior. El ciclo independentista catalán, pese a su fuerte trasfondo democratizador, es incapaz de generar una reacción similar en el resto del Estado, y acaba condenado al aislamiento y a la derrota, previo paso a una renegociación de su integración en la gobernabilidad del Estado.

En segundo lugar, estas fases del ciclo reconfiguran inicialmente el sistema de partidos, pero a medida que su impulso se apaga, van produciendo dos bloques estancos que reproducen los marcos políticos anteriores. Hace una década, el parlamentarismo español se sostenía sobre un bipartidismo, en el cual dos grandes maquinarias (el PP-derecha y el PSOE-centro izquierda) dominaban el terreno electoral de forma abrumadora, oscilando entre mayorías absolutas y cuasi mayorías, sostenidas puntualmente por partidos nacionalistas catalanes y vascos de derechas. Hoy ese panorama se ha reconfigurado, con el PP y el PSOE respectivamente por debajo del 30 % de los votos, de forma que necesitan siempre para gobernar a partidos situados, al menos en el terreno discusivo, a su derecha y a su izquierda; esto ha dado lugar a una política de bloques estable y definida, pero sometida a ciertas tensiones internas. No obstante, si la gran expresión política de la crisis política provocada por el 15M fue la crisis del bipartidismo, en las últimas elecciones de 2023 el bipartidismo (PP-PSOE) ha salido notablemente reforzado, acaparando el 65 % de los votos frente al 49 %, 45 %, 56 % y 51 % de las pasadas convocatorias.

En tercer lugar, la reconfiguración resultante del ciclo español no solo ha afectado a su ala izquierda. En la derecha, el PP, partido heredero del sector conservador del franquismo lo suficientemente inteligente como para adaptarse a la «modernización democrática», ha perdido el monopolio de la representación exclusiva de la derecha. Primero surgió Ciudadanos, una formación liberal con pretensiones centristas, que acabó devorado por sus propios errores tácticos, pero también por la tendencia global a la polarización, que liquida estos espacios políticos y los sustituye por partidos de extrema derecha. El surgimiento de VOX responde a este fenómeno, adaptado a la idiosincrasia española: más ultra-conservador que populista, más nacional-católico que rupturista, ha conseguido agrupar el descontento de sectores duros del electorado derechista, frente al auge del feminismo, el ecologismo y el independentismo catalán, agitando los pánicos morales de las viejas clases medias.

Algunas causas del proceso pasivizante

Si nos centramos en el rol de las fuerzas que nacieron impulsadas por la voluntad de impugnar el sistema vigente, existen dos extremos en la búsqueda de las explicaciones de este proceso de restauración del orden. La primera, típica de la extrema izquierda, hace hincapié en la «traición de las direcciones políticas», en concreto, en la irrupción de Podemos. Según esta tesis, el proceso ascendente de las luchas en la calle se habría visto cortocircuitado por la aparición de un partido que desvió unas energías sociales dispuestas a llevar el proceso hasta el final. La otra explicación, simétrica a la anterior, y muy querida por las direcciones de los partidos integrados en el bloque progresista, tiende a poner el acento en la idea de la debilidad estructural del ciclo social, como si se tratara de un proceso inevitable con un resultado inexorable. «Llegamos hasta donde podemos» o «hacemos lo que podemos con los votos que nos da la gente» son dos de las expresiones favoritas de los nuevos políticos profesionales y sus acólitos.

Estas explicaciones resultan bastante insatisfactorias. La primera («la traición de las direcciones») tiende a representar el clásico paroxismo izquierdista que oblicúa las preguntas claves: ¿por qué surge Podemos y no un partido de otras características, nítidamente revolucionarias? ¿Por qué los sectores rupturistas en el seno del bloque institucional fueron derrotados? La única respuesta posible es que había muy pocos revolucionarios y que estos «no tenían la estrategia correcta». En todo caso, ¿por qué las organizaciones con la presunta «estrategia revolucionaria correcta» no se fortalecieron en este proceso? La segunda explicación, basada en la debilidad del movimiento social, no responde a una pregunta obvia: ¿por qué, si la intención era llegar más lejos y el factor clave era la fortaleza del movimiento social, no se dedicaron los esfuerzos centrales a su reforzamiento? ¿Por qué, si el movimiento social era débil y a la vez es fundamental para abordar las necesarias transformaciones, estos partidos optaron por entrar en los gobiernos sin tener asegurada la retaguardia?

Una vez descartada, sin embargo, la versión más estrecha de este relato, aparece una parte de verdad. Si entendemos la dirección política como una combinación de los rasgos y cualidades de los grupos dirigentes con el nivel de radicalidad, autoorganización y autonomía de la fuerza social que los sostiene, podemos empezar a encontrar ciertas respuestas. El proceso transformista de las fuerzas políticas que protagonizaron el ciclo político español no fue instantáneo. Fue un proceso mediado por la lucha política (las batallas fraccionales en el interior de los partidos, entre los sectores rupturistas y los transformistas), por la debilidad de los equipos dirigentes (hablamos de una rearticulación política acelerada, incapaz por sí misma de superar el proceso de derrota histórica que todavía pesa sobre el movimiento obrero) y por factores internacionales (la capitulación de Syriza y el cierre del ciclo europeo).

Por supuesto, el proceso podría haber sido otro. Apoyándose en el fuerte impulso de la fuerza social surgida del 15M, Podemos podría haber apostado por diseñar un gran partido de oposición al régimen, que, mediante un trabajo paciente de inserción, hubiese ampliado y diseñado una guerra de posiciones a largo plazo. No faltaban, al contrario de lo que ahora puede parecer, elementos en los que apoyarse: los primeros círculos de Podemos tenían una composición mucho más popular que el primer 15M, capaces de atraer incluso a sectores descontentos con las estructuras anquilosadas del movimiento obrero. Sin embargo, la dirección de Podemos optó por apoyarse en una hipótesis que ha resultado errónea (el rápido asalto a los cielos por la vía electoral), dentro de la cual todo este sector popular no era más que una inerte masa de maniobra, abriendo el paso a la hegemonía de los sectores de clase media y a sus aspiraciones transformistas. Lo interesante es entender las bases materiales de este proceso.

Este proceso se apoyó en la conformación de una nueva clase política, entendida en un sentido amplio. Una nueva capa de políticos, que de otra forma habrían tenido que pasar por el arduo trabajo de convertir sus licenciaturas devaluadas en una posición social, se consolidó como una nueva casta profesional. Pero esta fracción social no pudo sostenerse sin la concurrencia de dos procesos paralelos: una cierta renovación generacional de la intelectualidad tradicional ligada a la comunicación y a la academia, y la estatización de amplios sectores de los movimientos sociales, ligados a los proyectos, subvenciones y profesiones típicamente vinculados al campo progresista tal y como se ha desarrollado en el anterior artículo. Estas posiciones tienen una función social específica concentrada en la estabilización, contención o ralentización parcial de la crisis social, acompañada de una pasivización de las clases subalternas.

Más allá de la ideología

Este proceso transformista y conservador no es simplemente ideológico, antes bien se inscribe en la dinámica real y contradictoria de la formación social española. En la sociedad pospandémica actúan tendencias a la despolitización, al tiempo que otras que apuntan en dirección contraria. En los últimos años se ha producido un giro molecular hacia la derecha de amplias capas de la población, junto con la consolidación de nuevas identidades sexuales y de género entre un sector de la juventud. La integración de una capa de activistas en la gobernabilidad capitalista ha ido acompañada (y esta es la principal característica del gobierno progresista) de la vuelta a la concertación social y a un renovado papel político, en clave conservadora, de los sindicatos. La política internacional, en un mundo donde el internacionalismo parece vivir una crisis terminal, condiciona la política nacional hasta límites insospechados. La guerra de Ucrania y el cambio climático provocan reacciones aparentemente contradictorias, como el miedo a los cambios, la incertidumbre y cierto hedonismo vacacional en las cada vez más menguadas capas de la población que pueden permitírselo. La inflación se come buena parte del salario de la clase trabajadora, vivir en las grandes ciudades de alquiler se ha vuelto una tortura, los servicios públicos han entrado en una fase de degradación sin freno, pero las cifras del paro (eterno drama estructural del mercado de trabajo español) se mantienen a niveles aceptables para una parte importante de la población. Amplios sectores de la población están en proceso de proletarizarse, como por ejemplo, el personal sanitario. Una capa importante, que se amplía año tras año, vive fuera de la representación de la sociedad oficial: proletarios que rotan laboralmente, trabajadores del sector industrial que no existen ni para la izquierda de Madrid y Barcelona, migrantes que se hacen evangelicos. Y sin embargo, el Estado busca construir nuevos nichos de estabilidad: hoy varias generaciones de licenciados universitarios vuelven a optar de nuevo por las oposiciones para ser funcionario. En definitiva, el transformismo progresista se sostiene sobre el núcleo que, de alguna forma, ha conseguido reiniciar su integración en la clase media, mientras que pasiviza a los sectores más precarizados de la sociedad y sostiene su legitimidad sobre el espantajo del «miedo a la derecha».

Esto genera un estado de ánimo en el que ya ni siquiera los más fanáticos o cínicos seguidores del progresismo se creen los cantos de sirena de la «ilusión», «el cambio» y «las transformaciones sociales». El único argumento que ha permitido al centro izquierda evitar el derrumbe y sacar fuerzas de su flaqueza ha sido la existencia de VOX y el miedo de buena parte del electorado a que esta opción política pudiese estar en el gobierno. No se trata de minusvalorar ese instinto de super-vivencia: se trata de comprender las causas y el proceso que ha llevado a que hayamos pasado en una década de aspirar a «derribar el Régimen del 78» a situarnos en una posición estructuralmente defensiva.

Aunque el gobierno progresista ha sido muy pobre en el terreno de las transformaciones sociales y políticas, dedicando sus esfuerzos a «pacificar» y estabilizar el orden constitucional, en vez de buscar algún tipo de confrontación con las clases dominantes que permitiese generar una situación en clave ofensiva para la clase trabajadora, eso no significa que su política no haya tenido efectos sobre lo que llamamos «conciencia activa» de las clases populares.

Hay, sin duda, razones de fondo que explican este «reformismo sin reformas». El gobierno ha intentado compensar la falta de política estructural con una intensa agenda mediático legislativa: pero, como ya se sabe, es mucho más fácil para una socialdemocracia agotada sacar leyes que hacer reformas. El contexto económico del centro capitalista ya no es de crecimiento, y la tendencia a la caída de la rentabilidad, que no encuentra salida en una gran crisis purificadora, impiden grandes operaciones redistributivas dentro del modo de acumulación capitalista. Siendo cierto, el gobierno del PSOE-UP ha sido incapaz de tomar ninguna medida profunda que palíe la caída general del poder adquisitivo de la clase trabajadora, cuyo salario se ve reducido mes a mes por una inflación que durante 2022 alcanzó picos del 10 %, mientras que la media de los aumentos salariales se situaban apenas por encima del 2 %. La famosa reforma laboral de Yolanda Díaz no derogó las medidas más lesivas impulsadas por los gobiernos anteriores, en concreto, la protección en caso de despido. De otra parte, el gobierno ha aumentado un 25 % el presupuesto militar por orden de la OTAN, alineándose completamente con la política exterior del imperialismo norteamericano y abandonando reivindicaciones históricas de la izquierda como el derecho de autodeterminación del pueblo saharahui, a lo cual se suma su posición cobarde y cómplice con el colonialismo israelí ante el genocidio cometido en Gaza. También ha mantenido una política extremadamente racista en las fronteras, con varios escándalos en la frontera con Marruecos y casos graves de violencia y muertes de migrantes provenientes de África: en un ejemplo de cinismo, Pedro Sánchez ha mostrado su complicidad explícita con Meloni en este terreno.

El gobierno ha mantenido la edad de jubilación a los 67 años, lo cual, en uno de esos casos en donde política y cinismo se entrecruzan sin ningún tipo de vergüenza, no fue obstáculo para que los ministros de izquierdas aplaudiesen las movilizaciones francesas con las que la clase obrera se oponía al aumento de la edad de jubilación a los 64 años. Los fondos europeos y el famoso keynesianismo verde, que iban a cambiar Europa para siempre, porque presuntamente se habían aprendido las lecciones de la pandemia, solo han servido para maquillar y engordar las cuentas de las grandes empresas, especialmente eléctricas. Los millones de euros del rescate bancario de 2008 no se han devuelto. Los escasos logros que puede exhibir el gobierno, como la ley trans y la mejora de los permisos de paternidad, no son por supuesto cuestiones menores, pero el hecho de que sean más bien excepciones revela el carácter conservador y pasivizante del «gobierno más progresista de la historia», según una expresión que ya es de uso común de forma irónica.

Este es el balance en crudo de la legislatura progresista: nadie espera que una nueva legislatura vaya a ser más «transformadora» que esta. La cuestión es, en un panorama sin transformaciones estructurales, qué efecto y cuánto tiempo durarán los parches temporales que el progresismo ha introducido para establecer esta situación de impás.

La evolución de la sociedad española apunta a la ampliación de las bolsas de precariedad y pobreza, pero si queremos huir de una visión «catastrofista», debemos entender que este proceso es históricamente contradictorio, desigual y que porta contra-tendencias en su desarrollo. Eso significa que existe una creciente masa empobrecida excluida de la sociedad oficial y de las estructuras de la izquierda y de la derecha, carentes de representación política, que se dotan de formas de socialización propias, aunque sean inducidas por arriba. Es el caso de la relación entre iglesias evangélicas y sectores del proletariado migrante. Este fenómeno (nos referimos, obviamente, a la ampliación y consolidación de bolsas de trabajadores marginados por la sociedad oficial) se amplía también a los trabajadores nativos, sobre todo en zonas que sufren una desindustrialización y abandono territorial crónicos (algunas zonas de Andalucía y Extremadura, el olvidado Mezzogiorno español, son un buen ejemplo de ello). Esto convive con una amplia capa de trabajadores, pero también de autónomos o falsos autónomos, muchos de ellos de origen migrante, en la industria, la logística y el sector servicios, que ve empeorar progresivamente sus condiciones de vida pese a vivir en sociedades opulentas. Este sector conforma la «moda» de la clase obrera (en el sentido de ser la situación que más se repite), pero está muy atomizado en el terreno organizativo: la clase obrera posee cierta capacidad sindical en la industria, pero es débil en servicios, por destacar una tendencia conocida.

Sin embargo, estos sectores están lejos de ser el núcleo sobre el cual se sostiene el consenso progresista. Los sectores de las clases medias tituladas, aspirantes a funcionarias y potencialmente herederas, han encontrado un nuevo acomodo en el impás progresista. La generación política que protagonizó el ciclo de luchas anterior, cansada y ligeramente cínica, busca su acomodo en la vida familiar, las abundantes plazas públicas ofertadas, la financiación cortoplacista de los fondos europeos, y la perspectiva de las herencias familiares. Este núcleo es el que marca la dinámica del debate público y su pasivización está acompañada de la marginación de la vida política de las facciones sociales no representadas a las que hacíamos mención más arriba. Junto con el núcleo sindical representado por CCOO-UGT y ese millón de asalariados aristocratizados, encantados de la vuelta al consenso social y a las mesas patronales, forman el núcleo que sostiene el transformismo progresista. Este segmento social es capaz de indignarse moralmente por todo tipo de asuntos, pero es extremadamente conservador en el terreno de las transformaciones políticas: cualquier cambio aparece, para esta numerosa fracción social, como una posible pérdida de su posición relativa.

Las débiles bases de esta revolución pasiva fallida

El debate político en el campo progresista se ha desplazado hacia los marcos que permiten la autoreproducción en el poder de su precaria coalición electoral. Esta reorientación política pasa por reequilibrar, dentro del marco constitucional y lejos de cualquier veleidad transformadora, los equilibrios que permiten a su núcleo seguir jugando un rol protagónico, mientras mantienen la pasividad de los sectores subalternos. Si hablamos de «revolución pasiva fallida» es precisamente porque la revolución pasiva no implica un simple equilibrio temporal: implica un cambio que, sin tocar el motor del sistema, asuma transformaciones que permitan una nueva articulación para un largo periodo histórico. Es en este punto donde se revelan con facilidad los límites del proceso progresista español, especialmente en torno a tres grandes crisis irresueltas que seguirán irrumpiendo en los próximos años.

La particularidad española en el terreno de la cuestión nacional, especialmente presente en Catalunya, Euskal Herria y Galicia obliga al campo progresista a mantener equilibrios constantes, pero que no es capaz de suturar. Aísla a la derecha, cuyo españolismo fanático le permite recoger votos en España a costa de perderlos en las naciones sin Estado. A su vez, los independentismos sufren la derrota del Procés catalán y una crisis estratégica que les lleva a buscar su propio camino «transformista» para reintegrarse en el marco constitucional español. El conflicto parece desplazarse del terreno democrático-decisionista al terreno duro de la política fiscal y las competencias: los próximos años van a ser los de una competencia desaforada entre las comunidades autónomas para mejorar su posición relativa respecto de las demás, generando tensiones que tendrán repercusiones en las aritméticas que posibilitan la gobernabilidad.

La segunda gran crisis tiene que ver con los efectos de la crisis global en España y su posición en el mercado mundial. País de tercer rango, España forma parte del club de soldados rasos de la UE y de la política exterior norteamericana. Esto conlleva un vínculo que le permite reproducir ideológicamente el sueño de la modernidad capitalista, pero obliga a un capitalismo débil y carente de dinamismo a depender de los vaivenes de la política monetaria europea y a afrontar retos muy por encima de sus posibilidades. En un contexto de largo estancamiento económico,[10] la reestructuración global que condena a medio plazo a Europa a una posición de potencia de segundo orden cada vez más insignificante a nivel mundial, implicará nuevos ajustes a la hora de normalizar la situación española. Estos implicarán recortes en el gasto público y la socialización de los efectos de una futura recesión sobre las clases trabajadoras. Los desesperados y frágiles intentos del neo-keynesianismo verde y militar están lejos de provocar intentos de una revolución pasiva estilo New Deal y tampoco se auguran a corto plazo cambios de régimen brutales al estilo del fascismo de las décadas de 1920 y 1930, esto es, los dos grandes modelos de revolución pasiva sobre los que pensó Gramsci, una como salida «restauracionista progresista» y la otra como «salida reaccionaria». Más bien, los regímenes liberal-capitalistas están sumergidos en una crisis de larga degradación sin ninguna salida clara a la vista.

Por último, la crisis ecológica se entremezcla con los intentos fallidos del capitalismo español para modernizar su estructura económico-empresarial: un país dependiente del turismo vacacional, que sufre ya los efectos del cambio climático en forma de sequía, sin autonomía energética y con un tejido empresarial parasitario dependiente de las subvenciones estatales; en el que tanto el progresismo como la derecha coinciden en intentar postergar la crisis, aunque se propongan hacerlo de forma diferente, incapaces de transformar el modelo productivo español. Solo en términos marxistas se puede llegar a comprender que estas características no son disfuncionales en la formación social española: son constitutivas del capitalismo español. El ridículo «momento estatal» del progresismo español apuntala temporalmente los intereses del núcleo de las clases medias sobre el que se sostiene, configurando una especie de «chovinismo de clase media», pero deja fuera de ese momento a sectores cada vez más amplios de la población.

En definitiva, la fallida revolución pasiva española solo supone una integración parcial e incompleta en las élites políticas, siempre de forma subalterna, de una parte de la fracción política que se movilizó

---

[10] Véase «el nuevo Debate Brenner» en torno al carácter de la onda larga capitalista desde los años setenta, iniciado por el mismo autor en *La economía de la turbulencia global* (Madrid, Akal, 2009) y recientemente retomado por autores como Seth Ackerman y Aaron Benanav en la *New Left Review* o *Jacobin*.

en el largo ciclo pos-2008 español. Incapaz de convertir esa integración en reformas estructurales de largo recorrido que rearticulen de una forma nueva el sistema político surgido de 1978, condenan a la coyuntura resultante a un impás con raíces débiles, que o bien opera como preludio a una restauración reaccionaria o bien abrirá el camino a nuevos conflictos en los cuales el protagonismo será de segmentos subalternos no representados en el régimen actual. Todo reagrupamiento y acumulación de fuerzas que aspire a incidir en clave transformadora deberá operar en este mapa marcado por la fallida revolución pasiva española.

La hegemonía de la clase media en el último ciclo feminista

Almudena Sánchez, Beatriz García, Marisa Pérez y Nuria Alabao*

Este texto plantea un análisis de la última oleada de movilización feminista desde un marco político que apuesta por un cierto feminismo como herramienta de transformación radical de la sociedad. Nos preguntamos qué factores han incidido para que, a pesar de haberse producido las movilizaciones más masivas de las últimas décadas, no se hayan obtenido conquistas a la altura de las mismas, al menos desde la perspectiva de un feminismo de clase que pone en el centro la situación de las mujeres y de las personas más empobrecidas material y simbólicamente. En este sentido consideramos que en los últimos años no ha habido avances significativos en la redistribución de los ingresos y la propiedad, en la desmercantilización de las condiciones de vida —aunque sea parcialmente en relación a bienes básicos como la vivienda—, así como tampoco cambios destacados en el ámbito del trabajo asalariado o en el de la reproducción social. Con reproducción social nos referimos tanto al trabajo no pagado, como al avance o refuerzo significativo de los servicios públicos que puedan socializar estas tareas, sobre todo teniendo en cuenta que este es uno de los elementos centrales de las reivindicaciones feministas.

En este artículo vamos a comenzar revisando lo que han sido los hitos y logros fundamentales del último gran ciclo de movilizaciones a escala estatal e internacional, para después proponer algunos

---

* Sánchez, García, Pérez y Alabao son activistas e investigadoras de diversas disciplinas, y participan en el colectivo Cantoneras.

elementos que nos permitan profundizar en el análisis. Para este propósito, vamos a considerar también lo que pensamos son algunos de los límites de este ciclo de movilización: por un lado, la hegemonía de un feminismo de clase media en el campo feminista en disputa; por otro, la centralidad de la cuestión de la violencia —sobre todo sexual— y las consecuencias que ha acarreado en el refuerzo del populismo punitivo. Igualmente, vamos a considerar la cuestión de la autonomía de los movimientos y el proceso de institucionalización del feminismo, para terminar con algunas propuestas para la discusión colectiva.[1]

Queremos señalar, además, una dificultad a la que se enfrenta este tipo de perspectivas, así como la propia acción política feminista. Esta dificultad reside en cómo se define al «movimiento feminista». A veces este se emplea como si se tratase de un sujeto con agencia consciente y unívoca —«el movimiento feminista demanda, dice»—, lo que resulta a su instrumentalización, sobre todo por el ámbito de la política institucional. En este artículo entendemos el feminismo como un campo en conflicto con distintas posiciones internas y a veces con proyectos políticos enfrentados. Así, en el espacio público se negocian significados y se posicionan demandas que responden a muy distintos intereses, en la medida en que este mismo campo viene producido —discursiva y políticamente— por agentes diversos: tanto mujeres de la élite económica, como feministas de Estado; tanto asociaciones feministas de profesionales liberales, expertas en género o periodistas feministas como aquellas que militan en colectivos feministas de base —como trabajadoras sexuales, domésticas o jornaleras— o también aquellas feministas que militan en la PAH, en el antirracismo u otras luchas. La cuestión es: ¿pueden compartir agenda y objetivos todas estas mujeres con intereses de clase y espacios ideológicos tan dispares? Por eso, nos referiremos en la medida de lo posible al movimiento feminista en plural —«movilizaciones feministas», «feminismos»—, o intentamos adjetivar para definir mejor a qué tipo de feminismo nos estamos refiriendo.

2016-2020. El auge de las movilizaciones feministas

La extraordinaria irrupción feminista de estos años tuvo su inicio en Polonia y su epicentro en América Latina. A finales del 2016, el feminismo polaco se movilizó masivamente en Varsovia y otras ciudades contra los intentos del gobierno de extrema derecha de endurecer la ya muy restrictiva ley del aborto. Este fue el primer paro feminista de la década. Poco después, el asesinato de una joven en Argentina sacó

---

[1] Señalamos estos límites como tendencias generales, pero queremos destacar que este texto está escrito desde Madrid y que por tanto no puede ni pretende reflejar los diferentes procesos de institucionalización de los movimientos feministas que se puedan dar en las distintas partes del Estado, así como tampoco los procesos de resistencia a la misma por parte de los movimientos de base.

a miles de personas a la calle, en la estela de las manifestaciones convocadas por Ni Una Menos (2015 y 2016) contra la violencia machista y los feminicidios. De hecho, estos dos elementos, la lucha por los derechos sexuales y reproductivos y la batalla contra la violencia —por la libertad sexual y el acceso al espacio público sin peligro para la integridad física de las mujeres—, son definitorios de esta nueva ola de movilización internacional. Igualmente, en estas movilizaciones se ha compartido cierto marco común de oposición a los discursos de las nuevas extremas derechas y su apoyo al orden de género tradicional.

El 8 de marzo de 2017 se convocó la primera huelga feminista global. En este acto participaron más de treinta países, lo que a su vez tuvo réplicas importantes en los dos años siguientes. Estas movilizaciones —masivas e intergeneracionales— sacudieron sus sociedades respectivas a una escala sin precedentes. La huelga permitió, además, generar una especie de «identidad común feminista» o, si se prefiere, una capilarización de un sentido común antisexista. También fue importante para transformar elementos culturales de la relación entre los géneros, reclamar derechos aún pendientes de conquistar y reforzar la capacidad de lucha y autonomía de las mujeres atravesadas por esta marea. En conjunto, se produjo una visibilización generalizada, mediática y pública de las movilizaciones y sus demandas que se expresó en una suerte de «internacionalismo feminista».[2] De forma genérica y sin detenernos en las diferencias sustanciales entre países, entre otros efectos de estas movilizaciones, resulta importante mencionar: la visibilización de las mujeres feministas en todos los ámbitos de la producción cultural; la multiplicación de las expertas en género, así como de autoridades —académicas, judiciales, etc.— y de personas en posiciones de poder que se autodenominan feministas; la

---

[2] Hablamos de internacionalismo feminista o de feminismos globales en la medida en que en contextos políticos muy diferentes las movilizaciones feministas han alcanzado un poder de influencia política significativo. Este poder de interpelación se tradujo, por ejemplo, en la capacidad de arrancar derechos como la legalización del aborto en Argentina en diciembre de 2020. Igualmente se convocaron manifestaciones multitudinarias contra candidaturas presidenciales de corte radicalmente reaccionario, como el movimientos #EleNão en Brasil en 2018 o las Marchas de Mujeres organizadas en diferentes países a partir de la victoria electoral de Trump en 2017. De hecho, en algunos de estos lugares como Brasil o Polonia, las movilizaciones feministas adquirieron gran transversalidad y se convirtieron en el punto más visible de oposición a los regímenes autoritarios imperantes. Estos feminismos también lucharon por avances legislativos en la libertad sexual de las mujeres y consiguieron poner el foco político y social sobre las agresiones sexuales y los feminicidios, así como reclamar el espacio público —como el #MeetToSleep en la India o el movimiento #NiUnaMenos desde 2016 en México—. Para profundizar sobre esta cuestión véase, por ejemplo, Gago, Malo de Molina y Caballero (eds.), *Internacional feminista. Lucha en los territorios contra el neoliberalismo*, Madrid, Traficantes de Sueños, 2020.

multiplicación de los debates feministas en medios de comunicación tradicionales y una mayor influencia de los paradigmas feministas en las luchas y prácticas de transformación social —entre los que Rojava constituye uno de los ejemplos más destacados—.

En algunos lugares como América Latina, el nuevo ciclo de movilización desbordó completamente la agenda de paridad liberal (o neoliberal) que había impulsado el feminismo *mainstream* a nivel internacional y que había devaluado la potencia transformadora de los feminismos tras la ola de 1960 y 1970. En este continente, las movilizaciones autónomas tuvieron un fuerte componente que procedía de los feminismos comunitarios, decoloniales y populares[3] (aunque algunos de estos países, como Chile y Argentina, también se enfrentan actualmente a sus propios procesos de institucionalización). En cierta medida, estos feminismos renovados consiguieron «superar» la cuestión sexual, o al menos no quedar atrapados en el pánico moral, la victimización y la posición de demandante de protección estatal. En otras palabras, consiguieron conectar la lucha contra las violencias machistas con el resto de las violencias estructurales e institucionales (de los Estados) con las que sufren por ser pobres o estar en prisión, además de aquellas producidas por el extractivismo y la explotación neocolonial de los territorios.

En España, creemos que algunos de estos componentes también han estado presentes en los primeros años de este ciclo en las movilizaciones de base. Por ejemplo, se hizo un trabajo de visibilización de las violencias patriarcales no únicamente como las agresiones de «hombres» a «mujeres», sino como consecuencia de la relación de dominio estructural que coloca a los cuerpos feminizados[4] en una posición de subordinación que atraviesa a toda la sociedad. Estos componentes estuvieron presentes en las huelgas feministas de 2018 y 2019, que también lograron visibilizar el impacto de la división sexual del trabajo en las condiciones materiales. En este sentido, se convocaron huelgas de cuidados —que evidenciaban la organización generizada de la reproducción social—, laborales —con el fin de señalar la feminización de la precariedad y los techos de cristal—, de consumo — como denuncia de la mercantilización de cada vez más esferas de la

---

[3] Para un desarrollo de esta perspectiva véase Raquel Gutiérrez Aguilar, «Rebelión feminista, horizontes de transformación y amenazas fascistas en América Latina» en Vimeo, s./f., https://vimeo.com/366604329. Sobre la relación entre el proceso de globalización capitalista, el nuevo proceso de acumulación por desposesión y la escalada histórica de la violencia contra las mujeres, véase S. Federici, *Calibán y la bruja. Mujeres, cuerpo y acumulación originaria*, Madrid, Traficantes de Sueños, 2010 o M. Mies, *Patriarcado y acumulación a escala global*, Madrid, Traficantes de Sueños, 2019.

[4] Entendemos que la posición femenina en el orden de género puede estar ocupada tanto por mujeres cis, como trans, y en ocasiones, también por determinadas expresiones de las disidencias sexuales.

vida— y educativa —en defensa de la educación pública, laica y no heteronormativa—.[5] Muchos de estos elementos traspasaron además los discursos activistas y se vieron reflejados en los medios *mainstream*. Por tanto, si en los primeros años de este ciclo encontramos elementos que apuntaban a un cambio en las condiciones materiales de vida de las mujeres más afectadas por el patriarcado, ¿por qué estos contenidos no se han traducido en cambios sustantivos? ¿Qué factores están limitando la potencial agencia transformadora de las movilizaciones?

Queremos matizar que las transformaciones subjetivas a las que han dado lugar las movilizaciones también han producido cambios materiales. Nos referimos principalmente a la percepción del incremento de la propia potencia y capacidad de lucha —el llamado «empoderamiento»— y al apoyo social que los feminismos proporcionan a las mujeres a la hora de enfrentar la subordinación de género en sus propias vidas; pero también a los cambios que se producen en infinidad de gestos cotidianos en un sentido feminista emancipador. Todo ello ha dado lugar a transformaciones en la performatividad de los géneros además de empujar ciertas mejoras materiales. Sin embargo, estas herramientas feministas parecen haber resultado útiles principalmente en aquellas posiciones sociales más desahogadas, es decir, menos atrapadas en la precariedad y las dependencias que esta supone. Para las mujeres sin papeles, sin estudios, sin carrera profesional, sin redes familiares o de amistad, estigmatizadas, con familiares a cargo, etc., el cambio material exige un abordaje colectivo y estructural de mucho mayor calado. El empoderamiento individual no es suficiente en situaciones de precariedad económica, falta de acceso a los bienes básicos y elevadas responsabilidades de cuidado.

*

En lo que sigue de este artículo vamos a considerar lo que consideramos son los tres principales límites para el despliegue de un feminismo transformador. El primer límite reside, en efecto, en la cuestión de la clase. Nuestra hipótesis es que el feminismo en España está construido como un campo que se presenta como interclasista, pero en el que la hegemonía está definida por los intereses y la agenda de las mujeres de clase media —al igual que sucede en otros movimientos—. Un segundo límite está en cómo la violencia sexual (y las diferentes formas de enfrentarla) se ha convertido en el principal tema en la agenda feminista, soslayando otras preocupaciones y con consecuencias tanto

---

[5] Véase por ejemplo el argumentario de la Comisión Feminista del 8M de Madrid: *¿Qué quiere el movimiento feminista? Reivindicaciones y razones*, Madrid, Traficantes de Sueños, 2019.

en la creación de un clima de pánico moral, como en la promulgación de leyes de carácter punitivista, como es la ley del solo sí es sí. Por último, vamos a considerar, en tanto tercer límite, la institucionalización del feminismo y su utilización por parte de gobiernos o representantes políticas que dicen hablar en nombre «del movimiento». Entendemos también la institucionalización como la asunción de la agenda institucional por parte de los movimientos de base, o de los horizontes legales o estatales en tanto espacios privilegiados para la acción política.

Primer límite: la hegemonía de clase media en el campo feminista

El feminismo hegemónico es hoy una ideología liberal y/o de clase media, con la capacidad de determinar la agenda sobre la base de sus propias prioridades. El interclasismo feminista opera como una herramienta de las mujeres de las clases medias y altas a la hora de instrumentalizar el feminismo al servicio de sus propios intereses. Por contra, desde un feminismo de clase, los mandatos políticos deberían provenir de las necesidades de las de abajo y de los imperativos de distribución de la riqueza y de la disolución de todo poder.

¿Las mujeres, una sola clase?

El feminismo como campo opera de manera interclasista, ocultando las diferencias de intereses entre las mujeres. Determinadas teorías feministas han descrito, en efecto, la subordinación de las mujeres como algo que afecta a todas por igual, independientemente de su pertenencia de clase y otras segmentaciones sociales como la racialización / origen migratorio. Es cierto que la construcción histórica del género ha fijado dos posiciones: la masculina y la femenina, y ha establecido una relación de poder entre ellas, si bien esta relación de subalternidad no solo afecta a las mujeres, sino muchas veces también a las personas que no conjugan con el sistema sexo-género patriarcal occidental: personas trans, disidentes de género, queer, homosexuales, etc. Una larga tradición de feminismos —anarquistas, socialistas, marxistas, negros, antimperialistas y descoloniales— ha producido desde hace siglos un legado de acción y pensamiento político[6] que demuestra que no se

---

[6] Entre muchas otras que podrían figurar aquí, destacamos: el manifiesto del Combahee River Collective (1982); Hazel Carby, «¡Mujeres blancas, escuchad! El feminismo negro y los límites de la hermandad femenina» en Jabardo (ed.), *Feminismos negros. Una antología*, Traficantes de Sueños, 2012 [1982]; bell hooks, *Teoría feminista: de los márgenes al centro*, Madrid, Traficantes de Sueños, 2020 [1984]; Angela Davis, *Mujeres, raza y clase*, Madrid, Akal, 2004 [1981]; Ana de Miguel y Rosalía Romero (ed.), *Feminismo y socialismo. Antología Flora Tristán*, Madrid, Catarata, 2022; Emma Goldman, *Feminismo y anarquismo*, Madrid, Enclave de Libros, 2017.

puede luchar contra las subordinaciones de género al margen de su constitución con la clase y la raza.

De esta tradición hemos aprendido que las mujeres con mejor posición social disponen del poder de imponer sus prioridades y su agenda política. Precisamente porque no están racializadas y su posición en las relaciones de producción no resulta tan opresiva, estas mujeres identifican la subordinación de género como su principal problema. Buscan la igualdad con los hombres de su clase, dentro de su estrato social e identifican el machismo como un límite para su ascenso social, al tiempo que generalizan sus intereses como si fuesen los de todas. El resultado es la mistificación de un sujeto «mujeres» homogeneizado, no exento de esencialismo biologicista —como hemos visto en las violencias desplegadas por el feminismo transexcluyente— o cultural.[7] El feminismo cultural se basa en la concepción de la opresión femenina en tanto originada, y a la vez expresada, en la cuestión sexual que fija una representación de los hombres como seres violentos y de las mujeres como víctimas. El sexo es así contemplado únicamente como un ámbito de subordinación. Para estos feminismos, el universalismo abstracto —«las mujeres son una misma clase porque están todas igualmente oprimidas por la violencia sexual»— acaba ocultando las diferencias sociales, raciales y de estatus entre las propias mujeres.

¿En qué se ha materializado este poder del feminismo hegemónico? Si analizamos tanto las principales medidas políticas como los contenidos que ocupan más espacio mediático y social vemos que lo que se identifica como los principales logros feministas de este ciclo se han centrado en las preocupaciones de las mujeres de clase media y alta. Cabe señalar, no obstante, a este respecto, que el feminismo no constituye una excepción, la mayoría de políticas que se aprueban están pensadas para estos sectores sociales.

Por una parte, la cuestión sexual ha centrado la mayor parte de los debates públicos y a nivel institucional se ha materializado en la conocida como ley del solo sí es sí. Una de las derivaciones de esta preocupación es la prostitución, en torno a la cual se han intentado

---

[7] Se llama feminismo cultural al resultado de la evolución del feminismo radical de las décadas de 1960 y 1970. Este feminismo dejó atrás el contenido de liberación sexual y las reivindicaciones relacionadas con la reproducción social del feminismo radical, para centrarse únicamente en la cuestión sexual como opresión, desde posicionamientos netamente conservadores. Hoy buena parte de las que se reivindican como seguidoras de las radicales han derivado en un feminismo de carácter esencialista o identitario, que les sirve para oponerse a los derechos de las personas trans o de las trabajadoras sexuales y que llega a cuestionar la revolución sexual como un logro «que solo sirve a los hombres». Para ampliar estas ideas véase por ejemplo Paloma Uría, *El feminismo que no llegó al poder: Trayectoria de un feminismo crítico*, Donostia, Thalasa, 2009 o R. Osborne, *La construcción sexual de la realidad*, Madrid, Cátedra, 2002.

aprobar medidas que criminalizan el trabajo sexual. De otra parte, otro de los elementos centrales de la agenda feminista ha estado en la cuestión de la representación y los techos de cristal, es decir, de todas aquellas propuestas destinadas a facilitar la igualación de las mujeres mejor posicionadas socialmente con los varones de su clase, en vez de promover una distribución de la riqueza capaz de mejorar las condiciones de vida de las mujeres más precarizadas. Cabría citar aquí, por ejemplo, la propuesta de ley de paridad del PSOE como medida estrella dentro del paradigma de la discriminación positiva. Esta ley fija cuotas de mujeres en los consejos de administración, colegios profesionales, gobiernos y listas electorales.

Otras medidas aprobadas, como las bajas por reglas dolorosas o la ampliación de los permisos parentales, pueden resultar interesantes y valiosas. Pero estas solo benefician a mujeres con contratos laborales estables y con garantías, así como a aquellas con relaciones sexoafectivas encuadradas en el orden familiar con reconocimiento legal.[8] En cualquier caso, estas propuestas difícilmente pueden mejorar las condiciones de vida de las trabajadoras que se encuentran en los sectores con mayores niveles de explotación, o las mujeres en situación de subempleo, las internas, las trabajadoras indocumentadas o las mujeres que crían solas. Para muchas de estas mujeres, su principal problema no es el de la desigualdad que mantienen con los hombres de su clase, sino la explotación, el racismo o la precariedad existencial. Por otra parte, en un mercado laboral crecientemente dualizado —entre trabajos relativamente seguros y con derechos y otros precarizados con contratos temporales o parciales y con más dificultades de hacer valer los derechos laborales—, cualquier medida asociada al empleo formal tendrá dificultades para extenderse a estas mujeres precarias.

Podemos decir, por tanto, que el feminismo hegemónico no representa a las mujeres más afectadas por el capitalismo patriarcal. No se preocupa por ejemplo de la ley de extranjería, que deja a las mujeres en situación de vulnerabilidad extrema, falta de derechos y existencia social, expuestas tanto a la explotación como a las violencias —en los trabajos invisibilizados como la prostitución o el trabajo doméstico—. Por otra parte, ha habido algunos avances relacionados con la reproducción social, como la ampliación de los permisos parentales para los varones y la aprobación de nuevos permisos para el cuidado de menores o personas a cargo, así como algunas leves mejoras de la ley de

---

[8] Respecto a las medidas gubernamentales queremos destacar algunos avances como la ley de autodeterminación de género o ley trans, o la nueva ley del aborto que incluye mejoras en la salud sexual y reproductiva como es la reducción a los 16 años de la edad para decidir abortar. Cabría citar también la subida del Salario Mínimo Interprofesional que, aunque no podemos decir que haya sido expuesta como un avance feminista, es una medida que favorece a las mujeres de bajos salarios.

dependencia —si bien su implementación depende en buena parte de las comunidades autónomas—; sin embargo, la universalización y gratuidad de las escuelas infantiles —una medida que cambiaría radicalmente la vida a muchas mujeres, sobre todo a las más precarias sin red social— ha quedado olvidada, así como cuestiones como la gratuidad de los comedores escolares. Más allá del ámbito laboral, el feminismo hegemónico tampoco se ha ocupado de problemas como el acceso a la vivienda, una de las principales vías de expropiación de renta a las trabajadoras, pero también uno de los elementos que más dificultan la autonomía de las mujeres a la hora de salir de una relación donde se produce violencia de género.

Otro de los grandes olvidos de este feminismo preocupado por los techos de cristal es la mejora de las condiciones laborales de los trabajos feminizados de cuidados —cuidadoras y limpiadoras en general—, o de otros sectores como las jornaleras agrícolas —muchas de ellas trabajadoras extranjeras por contingentes— o de las obreras de la industria textil o el turismo. En este sentido, además de centrarse en las bajas por reglas dolorosas, hubiese sido fundamental el reconocimiento de las numerosas enfermedades laborales propias de estos sectores. Esta es una de las principales reivindicaciones del sindicalismo feminista que apenas consigue atención por parte del feminismo *mainstream*.

Respecto de las condiciones laborales del sector de cuidados, durante este ciclo de movilización tampoco se han conseguido avances radicales en la mayoría de empleos feminizados. Podemos rescatar la victoria obtenida por las trabajadoras del hogar y de cuidados en 2022, incorporada a una nueva ley que recoge importantes mejoras. Pero lo cierto es que estas demandas no tuvieron hueco en la agenda del gobierno hasta que el Tribunal de Justicia de la Unión Europea (TJUE) dictaminó —en febrero de 2022— que su exclusión de la prestación de desempleo es contraria a la legislación de la Unión, en sintonía con las presiones de numerosas organizaciones de trabajadoras del hogar y de los cuidados y la aparición de sus reivindicaciones en los medios —en parte gracias a las huelgas feministas—. Después de este fallo del TJUE, se reformó el estatuto de estas trabajadoras con mejoras importantes, si bien sin llegar a equipararlas al resto de trabajadores.[9] En este ámbito trabajan además muchas mujeres sin papeles, una situación que no solo se ha naturalizado, sino que se ha convertido en una forma de regularización para muchas mujeres recién llegadas a España.

Hay que señalar aquí también que en estos años se han producido numerosos conflictos laborales en el sector de los cuidados. Es el caso de las trabajadoras de las residencias de ancianos o del Servicio de Atención

---

[9] Real Decreto Ley 16/2022, para la mejora de las condiciones de trabajo y de Seguridad Social de las personas trabajadoras al servicio del hogar.

a Domicilio, colectivos que en general presentan condiciones laborales deplorables y que han conseguido escasas victorias, a pesar de su relevancia social patente sobre todo durante la pandemia de COVID19, con la excepción del conflicto de la limpieza en el País Vasco. De hecho, en noviembre de 2023 se convocó una importante huelga general feminista en esta comunidad centrada en la cuestión de los cuidados. Sin embargo, en lo que se refiere a la situación de una de las luchas más simbólicas del sindicalismo feminista de los últimos tiempos, la de las camareras de piso, la reforma laboral terminó consolidando y legitimando las externalizaciones de servicios esenciales dentro de las empresas, confirmando así una de las vías de precarización laboral femenina más importantes.

La defensa de los intereses del feminismo de clase media

Si bien la precariedad es masiva entre mujeres y disidencias sexuales, en el otro extremo, la presencia de mujeres con estudios universitarios en la mayoría de ámbitos profesionales de relevancia social ha crecido de forma ininterrumpida a lo largo de las últimas décadas. Esta presencia no se corresponde, sin embargo, con un peso similar en los lugares de poder: el famoso techo de cristal.[10] De ahí que hayan tomado tanta relevancia la política de cuotas, la consideración de los «techos de cristal» o medidas puramente simbólicas. Actualmente, las mujeres de clase media o alta son mayoría en muchos ámbitos, en los que sin embargo no han obtenido un poder equiparable. Esta composición social, hecha principalmente de mujeres que ven sus posibilidades de ascenso social coartadas por el machismo estructural, es una de las bases materiales que han empujado el feminismo en los últimos años en España. Sus prioridades se han colocado así en el centro de la agenda feminista.

[10] Segun el INE, en la Administración pública española, por ejemplo, si bien existe ya una mayoría de mujeres (el 57,7 %), su número disminuye a medida que se asciende de categoría profesional. Así, mientras las mujeres ocupan de forma mayoritaria los puestos de auxiliares y personal de servicio, solo representan el 37,8% entre los altos cargos y las direcciones. Esta misma desigualdad se repite en la carrera judicial donde las mujeres ya son mayoría entre los jueces (el 54 %) pero aún son minoría en casi todos los estratos superiores: 12,34 % en el Tribunal Supremo, 34,5 % en las Audiencias Provinciales o 44,4 % en la Audiencia Nacional. La misma situación se produce en la carrera sanitaria, con un 54,2% de mujeres entre los médicos colegiados y solo un 32,7 % entre los cargos directivos en el sistema público de salud en España. La universidad no arroja resultados diferentes. Así, aunque en la actualidad la mayor parte de las alumnas son mujeres y sus resultados académicos son mejores que los de los hombres, solo un 26 % de ellas son catedráticas. Esta desigualdad de poder es mucho más acusada en el sector privado, sobre todo en los consejos de administración y en la alta dirección de empresas, donde las mujeres solo ocupan el 27,7 % de los cargos según un informe de la Comisión Nacional del Mercado de Valores del 2021.

Como era de esperar, no obstante, esta lucha por la igualdad de género en las posiciones medias y altas de las jerarquías profesionales, no modifica la vida de la mayoría de mujeres, sobre todo de aquellas que no tienen ninguna posibilidad de plantearse una carrera profesional. De una parte, estas posiciones de mando y prestigio requieren de fuertes insumos de trabajo, materiales, energía, etc., que sostienen todas las jerarquías y niveles de explotación conocidos. De forma correlativa, el hecho de que haya más mujeres en los puestos más elevados de las jerarquías gubernamentales, académicas, profesionales, militares o empresariales no repercute en los cambios estructurales necesarios para mejorar las condiciones materiales de vida de las mujeres de las clases populares. Tampoco incide en reducir las desigualdades generadas por la división sexual del trabajo: las mujeres profesionales salen de casa dejando a otras mujeres en su lugar. Por eso, desde la perspectiva de un feminismo de clase o de transformación, el poder necesario para cambiar las cosas no se encuentra del lado del mando —capitalista o estatal—, sino en la construcción de una capacidad propia que nos permita luchar contra la producción y reproducción de las desigualdades.

En este sentido, el feminismo hegemónico no solo instrumentaliza la representación de las movilizaciones en favor de sus propios intereses, sino que invisibiliza o incluso bloquea los conflictos protagonizados por otras mujeres. La principal consecuencia de un feminismo hegemónico de clase media disfrazado de feminismo universal es la pacificación de la capacidad subversiva de los feminismos de clase y su utilización como una herramienta de gobierno. Las luchas de las trabajadoras domésticas y de las trabajadoras sexuales son dos ejemplos que nos permiten vislumbrar el funcionamiento pacificador e integrador del feminismo hegemónico de clase media.

La pacificación de la crisis de los cuidados[11]

La cuestión de los cuidados, es decir, la cuestión de cómo reproducimos la vida en el capitalismo actual es también una cuestión de clase / raza. Ciertamente, lo que permite que muchas mujeres tengan la posibilidad de acceder a puestos profesionales bien remunerados —que es lo que principalmente constituye la clase media— es que puedan externalizarlos a otras trabajadoras. En esto consiste la solución europea a la crisis de los cuidados: son las mujeres migrantes quienes se hacen cargo de estas tareas que, a falta de socializarse, siguen dependiendo

---

[11] Aunque utilizamos el concepto de crisis de los cuidados, tal y como se ha generalizado en la última década, entendemos que los cuidados —la reproducción social— siempre ha estado en crisis bajo el capitalismo. Este no sería, por tanto, un fenómeno nuevo que tiene como principal causa la entrada de las mujeres —de clase media— en el mercado laboral a partir de las décadas de 1960 y 1970, según la caracterización habitual.

de la división internacional del trabajo feminizado, hoy declinada en las cadenas globales de cuidados.[12] Según datos de 2019, de todas las trabajadoras del hogar de la UE (2,5 millones) el 28 % de las mismas trabajan en España, el 88% son mujeres y el 72,2 % proceden de la migración (fundamentalmente de América Latina y de Europa). En el caso del 11 % de trabajadoras internas, nueve de cada diez son extranjeras y la propia existencia de este tipo de empleos se asienta, sin duda, en el régimen de fronteras y la ley de extranjería.[13]

Como hemos comentado, el conflicto de décadas sostenido por las trabajadoras domésticas ha logrado arrancar recientemente la ratificación del Convenio 189 de la OIT y el derecho al subsidio por desempleo (Real Decreto Ley 16/2022). Pero no olvidemos que junto a estas mejoras en las condiciones laborales, también se están impulsando políticas de conciliación basadas en destinar dinero público a abaratar la contratación de trabajadoras del hogar a aquellas familias que pueden permitirse este tipo de empleadas. De este modo, se han implementado una serie de bonificaciones y reducciones en las cuotas para las personas empleadoras dirigidas a compensar el aumento de las cotizaciones. Este abaratamiento del empleo del hogar sobre la base de aumentar el gasto público lleva tiempo realizándose a nivel de las comunidades autónomas; así por ejemplo la Comunidad de Madrid aprobó en el 2023 ayudas directas de hasta 4.000 euros para sufragar los costes laborales de las empleadas domésticas.[14]

La realidad es que muchas mujeres de clase media no pueden renunciar a la externalización del trabajo doméstico sobre otras mujeres con sueldos bajos y menos derechos laborales, si no quieren alterar sustancialmente ni sus equilibrios familiares, ni sus estándares de consumo. Como hemos visto, lo que se conoce como conciliación familiar, otra demanda clave del feminismo hegemónico, es la facilitación, vía dinero público, de la emancipación de las mujeres de clase media mediante su sustitución por mujeres de las clases populares en las tareas de reproducción. Si tenemos en cuenta, además, los mecanismos de explotación y apropiación sancionados por la ley de extranjería, lo que finalmente se promueve mediante estas políticas de conciliación es una concentración de las mujeres de origen migrante, extranjeras y/o racializadas en el sector laboral de los cuidados.[15]

---

[12] «Cuidados globalizados», en Precarias a la Deriva, *A la deriva. Por los circuitos de la precariedad femenina*, Madrid, Traficantes de Sueños, 2004, pp. 217-248.

[13] Datos extraídos del informe «Esenciales y sin derechos. O cómo implementar el Convenio 189 de la OIT para las trabajadoras del hogar», de marzo de 2021, disponible on line.

[14] «La Comunidad de Madrid aprueba nuevas ayudas directas para contratar personas empleadas de hogar y facilitar la conciliación», Portal de la Comunidad de Madrid, 30 de mayo de 2023.

[15] Sara Farris ha estudiado extensamente la alianza que se produce en Europa entre neoliberales, extrema derecha y feministas de Estado, que ella denomina

Desde un feminismo de clase deberíamos preguntarnos por tanto sobre cómo luchar por la socialización de las tareas reproductivas —y su desfeminización—, al tiempo que lo hacemos contra la división sexual e internacional del trabajo. También habría que recuperar las discusiones y prácticas en torno a formas de convivencia, crianzas y atenciones a la enfermedad, diversidad funcional o vejez fuera del ámbito de las soluciones individuales dentro de la familia. Por eso, es pertinente resucitar las discusiones sobre la familia que tan ricas fueron en los feminismos liberacionistas de las décadas de 1960 y 1970.

La línea roja del trabajo sexual

Dentro de los trabajos feminizados en el campo de «los cuidados», la prostitución constituye una línea roja para el feminismo hegemónico de clase media. Si la lucha de las trabajadoras domésticas o de los sectores de cuidados puede encontrar cierto apoyo en un sector pequeño del feminismo de gobierno, las trabajadoras sexuales rara vez reciben el mismo trato, aunque se encuentren igualmente atravesadas por las opresiones de clase, raza y género. En estos últimos años hemos asistido a un ataque redoblado de un feminismo abolicionista que pretende criminalizar el trabajo sexual. Este feminismo niega sistemáticamente el poder de decisión de las trabajadoras sexuales y su capacidad de agencia —no serían «prostitutas», sino «prostituidas»—, su fuerza organizativa —no serían trabajadoras en lucha, sino víctimas que necesitan ser salvadas— y la perspectiva feminista de su batalla —no serían activistas sino «asalariadas del lobby proxeneta»—. Incluso la ley del solo sí es sí, que dice colocar el «consentimiento en el centro», en un primer momento introducía dos propuestas que implicaban volver a códigos penales del pasado: perseguir lo que se conoce como proxenetismo no coactivo —recibir dinero de alguien que se prostituye de manera voluntaria— y castigar a quienes alquilan locales o pisos para ejercer la prostitución —tercería locativa—, este último caso retirado del Código Penal en 1995 por el propio PSOE. Las trabajadoras sexuales

---

«feminacionalismo». El mínimo común de esta alianza reside en animar a estas mujeres racializadas, entendidas como víctimas, a abandonar sus «culturas patriarcales» y abrazar el empleo asalariado en el sector infrarremunerado de los trabajos de limpieza y cuidados. Este tipo de posiciones engancha con una larga tradición del feminismo europeo, que ha entendido el trabajo asalariado como liberador, trasponiendo esta asunción a las migrantes, al tiempo que las empuja a los trabajos mal retribuidos, que vienen precisamente a cubrir la salida de las profesionales al mercado laboral. Todo ello viene facilitado mediante políticas migratorias neoliberales de regularización e integración, así como de empleabilidad que, *de facto*, exigen la formación y puesta a disposición de las mujeres extranjeras en este sector. Véase Farris, *En nombre de los derechos de las mujeres*, Madrid, Traficantes de Sueños, 2021.

organizadas explicaron cómo este giro abolicionista de la ley iba a criminalizar y dificultar su trabajo, dando más poder a jueces y policías sobre sus vidas. Y de hecho solo su movilización ha logrado evitar una penalización que hubiera precarizado, aún más, las condiciones de vida de las mujeres en este sector. Sin embargo, no lograron impedir que la ley terminara incluyendo la prohibición de los anuncios de prostitución, una medida que pone trabas al trabajo autónomo en el sector. De hecho, las perspectivas a corto plazo para las trabajadoras sexuales no son prometedoras. En esta próxima legislatura de PSOE-Sumar, es previsible que se reanude el proyecto de ley abolicionista impulsada por los socialistas, que en la pasada legislatura no hubo tiempo de tramitar.

En conjunto, no solo el feminismo hegemónico, sino también una parte del feminismo abanderado por el campo de las llamadas «izquierdas» —desde comunistas a socialdemócratas, pasando por algunos sectores del feminismo de base y la autonomía—, están comprometidos en una cruzada por la «salvación» de estas mujeres, en su mayor parte empobrecidas, migrantes, racializadas y trans. Este «rescate moral»[16] consiste, en la práctica, en tratar de acabar con la prostitución —siempre de la mano del Estado— ofreciendo como alternativa trabajos en el sector de los cuidados —en general peor remunerados y con menos autonomía— y por los que muchas de estas trabajadoras ya han pasado y han abandonado por su baja remuneración y sus altos niveles de explotación.

Segundo límite: la centralidad de las violencias sexuales y la deriva punitivista

Indudablemente, este ciclo feminista ha obtenido parte de su impulso de la denuncia de las violencias que se ejercen sobre los cuerpos feminizados —los abusos en el ámbito del trabajo o las violencias en las familias, en el ámbito de la pareja o exparejas—, pero sobre todo aquellas de carácter sexual. Como ya hemos señalado, los debates sobre la cuestión y el cambio cultural que se ha producido al respecto es quizás el mayor logro de estas luchas. Sin embargo, su traslación legislativa, a partir de los pánicos morales y la sensación de alarma espoleados por

---

[16] A este trabajo de reconversión se dedican las llamadas «industrias del rescate». La antropóloga Laura Agustín acuñó la expresión «industria del rescate» hace más de una década, con el fin de «resaltar el desarrollo de un sector social y económico que prolifera en proyectos no solo de carácter caritativo sino gubernamental, policial, médico, psicológico y comercial. Tiene ramas educativas y jurídicas. Algunos gobiernos tienen departamentos dedicados al problema. Provee muchos miles de empleos en todas partes del mundo y ha creado un sinfín de expertas y expertos en la materia» y, sin embargo, «ha continuado durante 200 años sin que la situación de la prostituta misma mejorara». Véase Laura M. Agustín, *Sexo y marginalidad. Emigración, mercado de trabajo e industria del rescate,* Madrid, Editorial Popular, 2009.

los medios ha tenido también algunas consecuencias indeseadas. La más evidente es una deriva punitivista: en el imaginario social se ha acabado instalando que las causas penales y la cárcel pueden ser una solución para las agresiones —incluso las más leves—, que el castigo es la mejor manera de proteger a las mujeres. Así lo podemos percibir tanto en los intentos de criminalización del trabajo sexual, como en la ya citada ley del solo sí es sí.

Aunque en principio la nueva norma no se anunció en un marco de endurecimiento penal —de hecho contenía medidas destinadas a la prevención, a la protección de las víctimas, ayudas económicas y laborales, servicios de asistencia especializada y otros elementos importantes como la posibilidad de recibir esta asistencia sin necesidad de denunciar—, esta contenía diversos elementos punitivistas: incluía nuevos delitos como el acoso callejero, establecía nuevas penas accesorias como las inhabilitaciones, medidas cautelares más duras y dificultaba el acceso a beneficios penitenciarios como el tercer grado.[17] Además, prohibía la mediación —a imagen de la ley de violencia de género—, reduciendo la agencia y las posibilidades de las personas agredidas, sobre la base de una imagen de estas como seres impotentes y frágiles, dificultando también los procesos de justicia restaurativa.[18] De esta manera, aunque el debate sobre el consentimiento y su significado ha sido fundamental para el cambio cultural, cuando se ha llevado al terreno de la ley penal, el sistema de encarcelamiento, policial y represivo ha salido reforzado bajo la bandera de la lucha contra la violencia machista y en nombre del feminismo.

---

[17] La ley presentada por el Ministerio de Igualdad en manos de Unidas Podemos unificaba los antiguos delitos de abuso —sin violencia— y agresión —con violencia o intimidación— en un solo tipo penal. Muchos juristas advirtieron de que esta unificación otorgaba más poder a los jueces a la hora de imponer penas y disponer de mayor discrecionalidad. Esto se debía a que en el mismo tipo penal entraban ahora actos muy dispares —desde tocar el culo en un bus a violar a punta de cuchillo—. En conjunto, la ley podía dar lugar a mayor arbitrariedad, de tal modo que se impusiesen penas más altas o bajas por el mismo hecho, según fuera el perpetrador. En cualquier caso, es cierto que la reforma rebajó algunas de las penas mínimas y dio lugar a algunas revisiones de condena. Estas, a su vez, fueron instrumentalizadas por la derecha y los medios de comunicación para atacar al gobierno y crear alarma social. Finalmente, la ley fue reformada a propuesta del PSOE recuperando parte de la estructura anterior, aunque con diferentes denominaciones. Las penas previstas siguen siendo tan elevadas como antes.

[18] La justicia restaurativa es una forma de resolución de conflictos basada en el diálogo, el acuerdo y la reparación del daño causado. Uno de sus métodos más conocidos es la mediación, que ofrece a víctimas y autores de los delitos un espacio de encuentro voluntario —físico o a través de mediadores profesionales— donde poder conversar. En ocasiones, esta mediación se puede utilizar por parte de la justicia ordinaria, en forma de acuerdos que pueden ser tenidos en cuenta por los jueces. También pueden darse después del proceso judicial, independientemente de que haya sentencia condenatoria o no, siempre que ambas partes estén de acuerdo en participar.

De forma definitoria, cuando estalló la polémica mediática instrumentalizada por las derechas, porque la nueva ley estaba provocando rebajas de penas e incluso excarcelaciones, el Ministerio de Igualdad no defendió públicamente que más penas no sirven para proteger a las mujeres o que, de hecho, las penas son excesivamente altas en España. Tampoco lo hicieron ni el feminismo hegemónico ni el feminismo de base. En los días de la polémica, al menos en Madrid, se llegaron a convocar concentraciones y a difundir manifiestos de apoyo desde una óptica que no se desmarcaba de los aspectos punitivos de la ley. En ese momento, a muchas les pareció que, frente a los ataques de la derecha, había que cerrar filas y defender a toda costa una ley penal. Fueron pocas las voces que hicieron notar que, desde una perspectiva antipunitiva y de justicia social, el feminismo no se puede apoyar en el sistema penal, al menos no de una manera acrítica.

En las últimas dos décadas, el derecho penal sexual ha pasado a ser uno de los principales campos de experimentación del populismo penal. Como señalan muchos juristas, cada reforma endurece sistemáticamente las respuestas y las aproxima peligrosamente a los derechos penales excepcionales de los delitos de terrorismo. Todo ello en un país que tiene una de las poblaciones carcelarias más numerosas de Europa, mientras mantiene índices de criminalidad relativos muy bajos. De hecho, las penas por este tipo de delito ya son muy altas, mucho más que en los países de nuestro entorno. Así, por ejemplo, se puede imponer la misma pena (15 años) por un homicidio y por una violación. Pero como prueban todas las investigaciones criminológicas, más cárcel no sirve para evitar los delitos, porque su principal función es la de castigar, concretamente, castigar a los pobres.[19]

Respecto del feminismo de clase, parece claro que la discusión de los tecnicismos legales del sistema penal no debería ser una prioridad, al igual que tampoco tendríamos que ignorar las subidas de penas que se están produciendo en nuestro nombre. En realidad, las cárceles y las fuerzas de seguridad del Estado salen caras si se piensa en todo el dinero que se deja de invertir en derechos sociales —también para las

---

[19] Existe una extensa bibliografía sobre el sistema penal y carcelario, que va desde el libro ya clásico de Foucault, *Vigilar y castigar,* a todo lo producido por el movimientos abolicionista de las cárceles en Estados Unidos, como por ejemplo los trabajos de Ruth Wilson Gilmore, Angela Davis y Critical Resistance. Estos trabajos señalan que el objetivo del sistema penal y penitenciario no es evitar la comisión de delitos, sino (en términos muy simplificados) poner a producir a la población en los canales establecidos para ello, al tiempo que se encierra a aquellos más reacios. En estos tiempos de connivencia del Estado con los aparatos criminales, esta lectura se confirma y refuerza, tal y como han destacado algunas activistas latinoamericanas cuando se refieren al sistema penal como un artefacto de control, pero también de eliminación física de población no deseada, así como de producción de beneficios económicos mediante la externalización estatal.

mujeres—. Del mismo modo, deberíamos discutir si tiene sentido privilegiar la violencia sexual por encima de otras violencias, como la de ser desahuciada, o de que te quiten a tus hijos por no tener casa o con quién dejarlos cuando trabajas. O por qué se tendría que condicionar el acceso a derechos que deberían ser universales —vivienda, renta, etc.—, al hecho de ser categorizada primero como víctima.

Por tanto, y aunque el #MeeToo ha producido cambios culturales imprescindibles, también ha terminado legitimando el sistema penal y carcelario, y abonando el populismo punitivo. El punitivismo está ligado además al feminismo de clase media —a una sociedad de clases medias— por la forma compartida de entender el Estado y sus aparatos judicial, policial y penal. Una de las críticas fundamentales al sistema penal es que individualiza el comportamiento «delictivo» y actúa sobre sus efectos *a posteriori* —es decir, solo castiga, no previene— de manera que no afronta las razones estructurales de los «delitos». Es más fácil que los gobiernos ofrezcan como solución una reforma penal o la tipificación de nuevos delitos a que intervengan sobre las causas que están detrás de las conductas tipificadas como criminales, las cuales normalmente son inseparables de los factores económicos, políticos y sociales generadores de desigualdad.

Sabemos que la violencia sexual tiene una función de sujeción de las mujeres a los roles establecidos. En este sentido, un feminismo que pone en el centro únicamente esta cuestión —por muy importante que sea luchar contra todas sus manifestaciones— y se olvida de la desigualdad económica o del resto de violencias vinculadas a ella, jamás será un feminismo emancipador. En las revueltas de América Latina, el Estado y sus instituciones policiales y judiciales son percibidas de manera más clara como parte del problema. Por eso, deberíamos poner el foco en el hecho de que muchas mujeres —gitanas, sin papeles y migrantes sin recursos, pobres, desahuciadas, etc.— no esperan protección de las fuerzas del orden o reparación en los juzgados por las violencias patriarcales que padecen. De hecho, para muchas de ellas ese mismo Estado puede ser el principal origen de la violencia que sufren. También que, en el caso de las mujeres empobrecidas, las estrategias de acompañamiento, protección y defensa que pasan por las instituciones policiales y judiciales no siempre son las mejores o las que ellas escogerían.

Esta representación de la violencia sexual como la mayor violencia o sufrimiento que viven las mujeres —como un todo—, obviando las desigualdades económicas y de poder, tiene que ver con un feminismo hegemónico de clase media de mujeres que no están atravesadas por las dificultades vitales que impone la pobreza o muchas experiencias migratorias. También está relacionada con la extensión social de identidades homogeneizadas y polarizadas mujeres / hombres y sus correlativos papeles de víctimas / agresores, que naturaliza la construcción cultural de las posiciones de género, convirtiendo las jerarquías patriarcales en un problema de relaciones interpersonales.[20]

El feminismo de clase tiene la tarea de explicar cómo el género atraviesa las violencias institucionales, las que se derivan de ser pobres o de estar en prisión, de no tener papeles o de quedarse en la calle. Un feminismo emancipador debe asumir el reto de enfrentar todas estas manifestaciones de la violencia en su declinación «de género» y también de relacionarlas con las luchas por las condiciones de vida. Este feminismo también tendría que apostar por el abolicionismo de las cárceles, teniendo en cuenta que estas encierran de forma desproporcionada a hombres racializados y pobres, y que perjudican gravemente a las mujeres de sus entornos familiares y comunitarios. De hecho, en España existe un feminismo de base que, desde hace años, trabaja en una línea antipunitiva a la que le queda todavía mucho camino para imaginar y construir otras lógicas, para lograr introducir en el debate público cuestiones como qué significa la justicia feminista —transformativa o restaurativa— y cómo evitar reforzar el sistema penal en nombre del feminismo.

El sentido emancipador contenido en las movilizaciones que se produjeron durante el juicio de la manada —libertad sexual para las mujeres— y de las movilizaciones feministas de este periodo —huelga feminista del 2018 contra los efectos de la división sexual del trabajo y sus cruces con el sistema de extranjería— quedó despotenciado en este ciclo por la sobredeterminación de un debate copado por el feminismo hegemónico y sus intereses de clase, así como por la cuestión de la violencia desde un marco punitivo. La ley de paridad —y otras lógicas similares de discriminación positiva— y la ley del sí es sí son, por eso, dos caras de una misma forma de gobierno que opera a través de la integración diferenciada —las que pueden llegar— y la exclusión selectiva —el refuerzo del sistema penal siempre va en detrimento de las de abajo—.

Para futuros desarrollos dejamos un tema que creemos central para los movimientos de base en un sentido amplio: el cuestionamiento de si también hemos asumido estas lógicas punitivas en la gestión de las

---

[20] Una parte del feminismo crítico con el sistema penal ha incidido también en la representación que la propia ley establece sobre las mujeres que han sufrido una agresión. Estas son presentadas como víctimas, esencializadas como débiles e incapaces de proteger o negociar sus propios intereses. Como se ha señalado, la ley prohíbe los procesos de mediación a imagen de la ley integral de violencia de género del año 2004. También se obvia aquí la cuestión de clase y las consecuencias de los procesos de racialización, ya que muchas mujeres no pueden prescindir de esas negociaciones, en la misma medida en que necesitan seguir formando parte de su comunidad con el fin de protegerse del racismo o la violencia institucional y policial. Para un desarrollo de esta crítica, véase por ejemplo Laura Macaya, «El antipunitivismo es más favorable para las víctimas», *ctxt.es*, 27 de noviembre de 2022.

violencias machistas de nuestros espacios políticos y cómo abordarlas desde otras lógicas. Un cuestionamiento que percibimos creciente y que está llevando a numerosas reflexiones por todo el territorio.

Tercer límite: una nueva oleada de institucionalización de los feminismos

Cuando hablamos de institucionalización nos referimos al proceso de incorporación de personas y demandas de los movimientos sociales a las instituciones de gobierno,[21] así como a la instrumentalización que se hace de estos movimientos para legitimar a gobiernos, líderes o políticas de todo tipo. Igualmente, la institucionalización comprende también la asunción por parte de los movimientos o las organizaciones de base de la agenda institucional —y mediática—, y el horizonte estatal y legislativo como el espacio privilegiado al que acaban dirigiendo sus esfuerzos.

En España, después de la Transición se produjo un proceso de institucionalización de la ola feminista de los años setenta, con la incorporación de decenas de mujeres a puestos políticos e institucionales, y la creación de instituciones propias como el Instituto de la Mujer (1983) y el desarrollo de los primeros Estudios de Género en las universidades. También se produjo la «estatalización» de algunos proyectos autogestionados de los movimientos como los centros de salud reproductiva. Existe un paralelismo entre este proceso que produjo una pérdida de potencia y radicalidad del movimiento después de la Transición y lo que está sucediendo en el presente. La institucionalización a la que nos enfrentamos hoy es la del 15M, la del movimiento de las plazas, que tuvo su reflejo en las configuraciones masivas de los 8M a partir de 2018.[22]

Hoy, la «crisis de régimen», que identificamos con los procesos políticos abiertos por las movilizaciones del 15M de 2011, se ha

---

[21] Podríamos así hablar del proceso de institucionalización de la oleada feminista de las décadas de 1960 y 1970, en lo que se llamó la «Década de la Mujer de la ONU» (1976-1985). En esos años, las campañas de sensibilización y «desarrollo» de las mujeres se multiplicaron por todo el «Tercer Mundo», pagadas por diversos organismos internacionales y desplegadas por las ONG, que se multiplicaron en paralelo a la represión y crisis de la militancia de los años setenta. Este proceso de onegeización, y en particular su vertiente neocolonial y neoliberal, ha sido analizado por distintas activistas, véase por ejemplo Graciela Toro, *La pobreza: un gran negocio*, La Paz, Mujeres Creando, 2010 y S. Watkins, «Qué feminismos» en *New Left Review*, núm. 134, 2018.

[22] Frente al tópico sobre el 15M que dice que el feminismo fue rechazado frontalmente en las plazas, en realidad fue la tradición política que más presencia tuvo en aquellas movilizaciones. Las comisiones de feminismos estuvieron entre los espacios más potentes y perdurables del 15M. Estas consiguieron conectar las enseñanzas de este movimiento con la nueva revuelta. Ese sustrato permaneció y se potenció en los años posteriores —sobre todo como reacción a los intentos de reforma de la ley del aborto de Gallardón—. Este legado, sumado tanto a luchas históricas como a factores nuevos, daría lugar a la eclosión posterior del movimiento feminista.

cerrado completamente. De ese magma surgieron apuestas electorales —Podemos, las confluencias y los municipalismos de distintos tipos. Podemos, que se presentó como el gran partido de la protesta contra el bipartidismo, integró el primer gobierno de coalición con el PSOE (2020-2023) y gestionó el Ministerio de Igualdad encabezado por Irene Montero, una de sus principales líderes. Sin embargo, ni en el actual Podemos, ni en lo queda de la «nueva política» podemos encontrar ni rastro del impulso democratizador que salió de la impugnación quincemayista; ni en las formas —limitación de mandatos, control de salarios, reflexiones sobre la democracia interna y la participación—, ni en el proyecto —«esta crisis no la pagamos» y «democracia real»—.

Durante la pasada legislatura (2019-2023), hemos visto como el «gobierno progresista» se ha apoyado en el feminismo para legitimar sus políticas con el discurso de ser «el gobierno más feminista de la historia», poniendo el acento en la gran cantidad de mujeres ministras y en una inflación de la retórica feminista. Por otra parte, hemos asistido también a disputas partidarias entre el PSOE y Podemos por hacerse con el capital político de las movilizaciones. El episodio más evidente ha sido la disputa de la ley trans, donde las socialistas se han apoyado en el sector del feminismo transexcluyente contrario a la ley de autodeterminación de género impulsada por Podemos. Estos encendidos debates han formado parte de la guerra interna de la izquierda institucional por tratar de representar al feminismo. El feminismo se ha visto así continuamente instrumentalizado en la configuración de las confluencias de izquierdas.[23]

Igualmente durante esta legislatura, al menos en Madrid, se ha producido una aparente identificación de una parte del feminismo de base con este Ministerio y sus objetivos.[24] Por un lado, las guerras culturales y los ataques lanzados por la extrema derecha de VOX han polarizado el espectro político, han urgido a posicionarse y han vuelto muy difícil articular un discurso propio al margen de la política

---

[23] Por ejemplo, a la negativa de Sumar (el nuevo partido que quiere ser hegemónico dentro de la confluencia de los principales sectores a la izquierda del PSOE) a incluir a Irene Montero en las listas electorales para las elecciones de julio de 2023, Podemos respondió tratando de identificar a Montero con el propio movimiento feminista. El rechazo de la ministra aparecía así como un rechazo a las políticas feministas. La disputa funcionaba, una vez más, en clave de competición interna de los espacios políticos y de visibilidad entre los líderes respectivos.

[24] Así se pudo ver en la celebración del Encuentro Feminista organizado por el Ministerio de Igualdad en Madrid en febrero de 2023, que muchas vivieron como un espacio de «debate» feminista, cuando no dejaba de ser un ejercicio de autolegitimación del propio Ministerio y de la figura de la ministra, Irene Montero, de cara a la negociación de las listas en la confluencia con Sumar para las elecciones de julio del mismo año. Esta identificación se evidenció también en las concentraciones y manifiestos que fueron firmados en apoyo a la ley del solo sí es sí cuando estalló la citada polémica sobre la rebaja de penas.

institucional. El resultado ha sido el cierre del campo de la crítica al gobierno «para no dar armas al enemigo». Por otro lado, la identificación de algunos movimientos de base con muchas de las representantes de Podemos tiene también su razón de ser en el hecho de que muchos de los cargos y asesoras del Ministerio de Igualdad o del Instituto de las Mujeres han formado parte o tienen visibilidad dentro de los movimientos feministas, esto es, son «una de nosotras». La cercanía y el conocimiento directo, «a golpe de teléfono», ha podido influir en la asunción de la agenda institucional y del marco político de la producción de leyes como el espacio privilegiado para la acción feminista, dificultando así la autonomía de los movimientos de base.

Los movimientos han quedado así atrapados en demandas al Estado y en la producción de leyes, además de supeditados a la relación que se consiga establecer con la ministra de turno, en vez de a la capacidad de organización y de generación de conflicto que permiten conquistas gracias a la fuerza de la movilización. La consecuencia es que ha acabado por entender la ley y la producción de políticas públicas como forma primordial o casi única de transformación social y de acción posible para los movimientos. Se observa así una cierta pérdida de la capacidad de establecer una agenda propia, tal y como ocurrió en el ciclo 2018-2019 con la huelga feminista y la discusión pública abierta en relación con la cuestión de la reproducción social. La falta de capacidad para establecer agenda y crear conflictos a la altura ha terminado derivando en un repliegue a los tiempos institucionales, a los eventos calendarizados y a las disputas internas por sus contenidos (8M y 25N).

La identificación del gobierno con el feminismo y la de los movimientos con la agenda gubernamental ha permitido la recuperación de sus discursos, y con ello el vaciamiento de su potencia política. Los conceptos, como «cuidado» o «violencia machista», han perdido también sentido como instrumentos a la hora de pensar e impulsar los conflictos en marcha. Mientras que las representantes políticas dicen hablar o legislar en nombre del feminismo, retiran agencia política a los movimientos de base y les hacen perder su sentido impugnador.

Por otra parte, la identificación con el gobierno, considerado aliado, lleva a *no criticar las limitaciones de sus políticas.* Así, debido a la confianza «delegada» —«son de las nuestras»— se considera que la acción del gobierno «es la mejor política posible» y, debido los ataques de la derecha, se considera negativo dar argumentos críticos. En ambos casos, se termina olvidando que los políticos se deben a otros intereses, que su posición es el resultado de las negociaciones con otros actores institucionales o grupos de poder, más que de su alianza con determinados sectores de movimiento.

El peligro está en que si las leyes resultantes son tibias o directamente contraproducentes, y los movimientos de base se presentan como alineados con el gobierno, esto puede provocar el alejamiento del mismo movimiento feminista —al dejarse de ver en los feminismos una herramienta efectiva de cambio—. Además, cuando el feminismo se identifica con las posiciones de poder, especialmente en momentos de creciente desafección política, este se vuelve vulnerable frente a la reacción antifeminista, especialmente entre los más jóvenes. El alineamiento de los movimientos con los políticos progresistas —con estándares de consumo de clase alta, identificados con el poder y desconocedores de los problemas de los sectores más excluidos— implica, en definitiva, una cierta alienación respecto de los sectores más empobrecidos.

Para seguir con el debate

En este artículo hemos analizado algunos problemas que pueden explicar la relativa ausencia de efectos de la última oleada feminista en las condiciones estructurales en las que viven las mujeres. Hemos hablado del poder del feminismo hegemónico de clase media a la hora de universalizar sus demandas y de los efectos de la institucionalización en la determinación de la agenda y los horizontes de las movilizaciones feministas. Que se generalicen los intereses de las feministas de clase media como los de «todas las mujeres» limita las potencialidades políticas de un feminismo de clase o de transformación, que busque la redistribución radical de la riqueza y del poder.

Nuestro feminismo se propugna «de clase», o en otros términos: anticapitalista, sindicalista, feminismo de los sures o de las de abajo. Creemos que la apropiación e instrumentalización del capital político del feminismo, al modo en que hace el feminismo hegemónico de clase media, se vuelve más difícil cuando el feminismo es capaz de construirse en términos materiales. En este sentido, no queremos cuotas en los consejos de administración, sino acabar con las diferencias radicales de salario y en las condiciones de trabajos, en última instancia, abolir el trabajo asalariado. De otra parte, solo desde un «feminismo situado» y desde los conflictos concretos —en el sindicalismo social, en las luchas de vivienda, en las luchas laborales, etc.— podremos preservar nuestra autonomía como movimiento, dejar de trabajar para el feminismo hegemónico y adoptar su agenda como propia.

Por tanto, una de las grandes cuestiones a las que nos enfrentamos desde un feminismo de clase es cómo podemos construir una herramienta útil para la transformación que sitúe los intereses de las que están más abajo en el centro, sean pobres, putas, trans o migrantes. Esto nos lleva a interrogarnos por nuestra propia composición social, ¿cómo trabajar políticamente con las mujeres más pobres o precarias?

Aunque este tipo de alianzas ya se están produciendo en algunas asambleas, donde se juntan trabajadoras domésticas organizadas o trabajadoras sexuales y otras formas de sindicalismo feminista, el feminismo sigue siendo mayoritariamente de clase media —y urbano—.

Las respuestas no son fáciles. Por un lado, desde una mirada de clase, la cuestión de la reproducción social sigue siendo un lugar político central desde el que impulsar propuestas transformadoras. La pregunta sería ¿cómo romper la sororidad abstracta entre mujeres —es decir, el falso interclasismo feminista— para poner en el centro el apoyo mutuo entre las de abajo? O por lo menos ¿cómo dar lugar a alianzas políticas que consigan situar esos intereses y esa mirada de clase en la agenda política? Sin duda, compartir espacios de militancia con mujeres que tienen otras preocupaciones distintas a las mujeres de clase media puede ayudar a centrar los discursos y las propuestas políticas. Si el feminismo de transformación quiere avanzar, tiene que consolidarse en este tipo de organizaciones existentes u otras nuevas, dotarse de instituciones propias que sean capaces de lanzar y sostener conflictos, y de mantener posiciones autónomas que no asuman ni defiendan la agenda impuesta desde los medios y desde los ministerios.

Creemos en la necesidad de dotarnos de instituciones propias desde las que generar el poder necesario para, si creemos adecuado hacer demandas al Estado, aunque sepamos que no es la única vía de transformación social ni de mejora de nuestras vidas, pueda hacerse gracias a nuestra propia fuerza y no como «concesiones» de las políticas de turno que dicen hablar en nuestro nombre y que están sujetas a equilibrios institucionales frágiles y contingentes. La agenda y las prioridades tienen que partir desde abajo. Por otra parte, para enfrentar los discursos de las extremas derechas e incluso para evaluar con exactitud a qué peligros nos enfrentamos y cómo combatirlos mejor, será necesaria también una organización autónoma capaz de lanzar acciones de protesta o desobediencia.

Porque la política no pasa solo por hacer demandas de derechos al Estado, sino que tiene que dar lugar a un mundo propio. De aquí se desprende también el reto de articular un proyecto con vocación universalista. Si no queremos estar subordinadas es porque queremos un mundo donde nadie tenga que estarlo. Desde este lugar, es posible cuestionar toda la organización social. Del mismo modo, nuestra preocupación por la situación de las mujeres no puede construirse al margen del cuestionamiento de la explotación y el sufrimiento de los hombres de clase trabajadora. Nos importa que no haya trata con fines de prostitución forzada, porque no queremos que exista ningún tipo de trabajo forzado. No creemos en la explotación reproductiva porque no queremos ningún tipo de explotación. Por tanto, ¿cómo construir a partir de la posición de subordinación de las mujeres una propuesta emancipadora asociada a un proyecto de carácter universal que también pueda hacer más fuerte nuestra lucha? Probablemente solo desde estos planteamientos podremos desmarcarnos del falso interclasismo feminista y avanzar en una agenda propia del feminismo de las de abajo que vaya más allá de las leyes de paridad y de las leyes penales, y que cortocircuite la apropiación de nuestra capacidad de enunciación política con el objetivo de gobernarnos mejor.

Otra de las dificultades a la hora de construir este feminismo de clase tiene que ver con la cuestión de la identidad. Partimos de que la identidad colectiva nos constituye y es algo imprescindible en las luchas, pero de una manera táctica y contextual, esto es, siempre que no quede esencializada y seamos capaces de pasar de la pregunta del «quiénes somos» al «quiénes podemos llegar a ser»; siempre que no se «corporativice» y nos quedemos ancladas en demandas parciales; es decir, siempre que no se convierta en una barrera a la hora de establecer frentes amplios que nos permitan generar organizaciones colectivas, espacios de apoyo mutuo y los conflictos necesarios para avanzar.

El problema de las demandas parciales es, como hemos visto, que los intereses de una determinada capa social se identifican como «los intereses de todas», pero también que con demandas parciales solo conseguiremos mejoras parciales para ciertos grupos. Muchas veces además, estos se corresponden con políticas de integración de determinadas minorías o capas sociales y no con conquistas que puedan dar lugar a avances para quienes están más oprimidas, o incluso para una mayoría de mujeres. Tal y como hemos avanzado, la «liberación» de algunas mujeres de clase media se hace a costa de otras que son explotadas en las tareas de reproducción social.

Además, tenemos un reto enorme a la hora de imaginar líneas políticas y propuestas que se desmarquen frontalmente del clima punitivista imperante. El feminismo no debería quedar atrapado en la cuestión sexual cuando no hay una mirada de clase, centrar nuestras luchas en la cuestión de la violencia, si no forman parte de un proceso de transformación más amplio, nos enreda en debates que nos despotencian. Estas luchas pueden acabar incluso siendo instrumentalizadas para la aprobación de leyes que van en contra de nuestros objetivos. El feminismo antipunitivo pone el foco en eliminar aquello que causa violencia y busca alternativas al modelo existente, acordando y fortaleciendo otras formas de comprender y practicar la justicia. La justicia transformativa no consiste únicamente en reparar el daño que la violencia ha causado a la víctima, sino en influir sobre las condiciones (materiales y simbólicas, culturales, sociales, políticas, económicas...) que han posibilitado la violencia misma, con el fin de transformarlas. Esto implica un cuestionamiento de la cárcel y la cultura del castigo, pero también de las condiciones de vida. Un objetivo prioritario debería ser pues la mejora de la autonomía económica de las mujeres —sobre todo de las que más lo necesitan—, en tanto aquí convergen la lucha contra las violencias y contra la opresión. Ampliar esta autonomía posibilita tener más posibilidades de huir de la situación de violencia o enfrentarla con mayor capacidad, también incrementa las posibilidades de organización y de impulsar nuestras luchas contra la propia violencia del sistema. Tendríamos que apuntar así a las políticas de vivienda, de redistribución de la renta, de ampliación de la democracia e incluso de protección de los derechos civiles, como es el caso de la impugnación de la llamada ley mordaza.

Esperamos que este artículo forme parte de un camino que nos permita generar debates colectivos donde poder elaborar líneas estratégicas y organizativas de un feminismo de clase. Por supuesto, sin miedo a criticar al feminismo de clase media ni a las políticas gubernamentales, porque la fuerza que hemos conseguido priorizando la unidad se ha demostrado inútil en tanto buena parte del «feminismo» prioriza hoy demandas que no son las centrales para la mayoría y que incluso se vuelven en nuestra contra esencializando imágenes victimizadoras que no ayudan a nuestra emancipación. Pongamos en el centro nuestras condiciones materiales e imaginemos luchas y estructuras colectivas que desafíen la división sexual e internacional del trabajo.

El sindicato de la crisis. Anticiparnos al próximo colapso

Pablo Carmona Pascual

Las recientes convulsiones económicas se pueden interpretar —cada vez más— como la última parada del capitalismo. Esta afirmación no resuelve, sin embargo, el tiempo corto de la política, tampoco las posiciones estratégicas a considerar en el medio o largo plazo.

Sabemos que la economía capitalista, así como las fronteras[1] sobre las que tradicionalmente ha basado su expansión, muestran signos definitivos de agotamiento. Multitud de elementos conducen a esta misma conclusión: la crisis pandémica —con los desiguales sistemas sanitarios y de clase que desvelara Mike Davis[2]—, la escasez de materiales, los datos sobre segregación y empobrecimiento social y, por supuesto, el cambio climático. La crisis parece, por tanto, terminal.

Frente a las dimensiones de este fenómeno, es habitual que nos preguntemos cómo este impacta en nuestro contexto inmediato, en el Estado español. A este respecto, sabemos igualmente que este territorio está inserto y determinado por la Unión Europea, concretamente por

---

* Pablo Carmona Pascual es historiador y activista del movimiento de vivienda.

[1] Sobre el concepto de frontera en el capitalismo es importante referirse a estos dos trabajos de Jason W. Moore, *El capitalismo en la trama de la vida. Ecología y acumulación de capital*, Madrid, Traficantes de Sueños, 2020 y Mina Lorena Navarro y Horacio Machado Aráoz (comp.), *La trama de la vida en los umbrales del capitaloceno (el pensamiento de Jason W. Moore)*, México, Bajo tierra ediciones, 2020.

[2] Mike Davis, «Entra el monstruo en escena», *New Left Review*, núm. 122, julio-agosto de 2020, Madrid, Traficantes de Sueños, pp. 15-19.

la agenda de recuperación aprobada tras la COVID19 y cuyo objetivo era sostener la economía. No obstante, también sabemos que los años dorados de los fondos europeos Next Generation están por terminar.

Entre 2020 y 2023, se han producido, en efecto, varias idas y venidas en lo que a las líneas generales de la política se refiere. Durante el primer episodio de lucha contra la crisis provocada por la COVID19, la Unión Europea se volcó en una retórica verde, así como en una política de expansión monetaria en pro de la estabilidad y la recuperación. En el momento en que se escribía este artículo, se estaba amagando, sin embargo, con volver a las recetas de austeridad fiscal, al mismo tiempo que en Alemania se abría un debate acerca de una recarbonización de la economía que, por parcial o temporal que fuera, nos sirve también de testigo de este cambio de orientación. Valga aquí señalar el caso de la reapertura de la mina de carbón a cielo abierto de Lützerath, que ha provocado fuertes movilizaciones en su contra. En la misma dirección, el gobierno germano ha dado marcha atrás en su compromiso de extinguir la producción de motores diésel para 2032.

En definitiva, Europa atraviesa esta peculiar transición discursiva en medio de serias dificultades. Las líneas de mando europeas pretenden sumergirnos en un baño de neodesarrollismo verde, pero el contexto viene marcado por dos factores ineludibles. El primero es el proceso de subordinación al decadente bloque estadounidense en el marco de la guerra de Ucrania. El belicismo entre los dos bloques ha terminado por cortocircuitar la vieja globalización capitalista. El segundo es la vuelta a las políticas de austeridad que ya han tomado forma en el presupuesto alemán de 2024. Es, de hecho, previsible que los 44.585 millones de euros de recortes de estas cuentas lleguen, tarde o temprano, al conjunto de las economías europeas.

En lo que se refiere al caso español, es preciso además considerar otros elementos destacados de la situación económica, principalmente el espectacular aumento de la inflación desde 2022 y las cifras del euribor, que a finales de 2023 ya superaban el 4 %. En otras palabras, el coste de la vida ha subido significativamente en un contexto todavía apoyado en un mercado laboral que funciona gracias a los bajos salarios y una precariedad endémica. Así se confirma en el repaso a algunas cifras. En octubre de 2023, había en España 2,9 millones de personas en paro, al tiempo que otras 3,5 millones —a pesar de tener un empleo— estaban en el umbral de la pobreza. Según la última entrega estadística de la agencia tributaria (2021), un 37 % cobraba igual o menos que el salario mínimo interprofesional (1.080 euros mensuales).[3] Todo esto, mientras la inflación devoraba en ese mismo tiempo en torno al 15 % de los ingresos salariales.

---

[3] Estadísticas salariales de la Agencia Tributaria (2021), desde el punto de vista del trabajador y sin contabilizar las personas en situación de ERTE (expediente de regulación temporal de empleo).

Estos datos parecen apuntar al estallido de una nueva crisis social. La cuestión es: ¿qué tipo de conflictividad podemos anticipar? ¿Dónde empezar a reconocer las revueltas venideras? En definitiva, ¿qué nuevos procesos de lucha pueden «expresar» la crisis, redistribuir la riqueza y provocar una transformación política? Con el fin de contestar a estas cuestiones vamos a considerar una posible hipótesis de trabajo, lo que se ha venido llamando sindicalismo social. Esta hipótesis da por supuesto que *las luchas por venir van a necesitar de anclajes sindicales fuertes que conviertan las crisis individuales en proyectos colectivos de desobediencia.* Con ello nos referimos a estructuras de autodefensa más allá del territorio convencional del mundo del trabajo. Formas organizativas que se van a concentrar —como sucedió en 2008— alrededor de espacios de conflicto como la vivienda, la carestía de los bienes básicos o las luchas contra las fronteras y el racismo. Para poder entender esto mejor, consideramos la historia reciente de la Plataforma de Afectados por la Hipoteca (PAH), referente organizativo surgido al calor de la anterior fase de crisis.

Anclajes e intuiciones del sindicalismo social

Quienes impulsaron la PAH a comienzos de la crisis de 2008, enfrentaron dos importantes efectos del colapso financiero e inmobiliario. El primero fue el incremento del euribor, que sobrepasó el 5 %, y el segundo, el crecimiento del paro, que superó los 6 millones de personas a principios de 2013. Estos fenómenos produjeron un nuevo sujeto en crisis, que casi en el mismo golpe perdía el trabajo y la vivienda: *la figura del hipotecado.*[4]

En efecto, después de 2008, y en pocos años, se desencadenó una oleada que llevó al desahucio a cientos de miles de familias. Con el fin de hacer frente a esta situación, se articuló un dispositivo de sindicalismo social al que se dio el nombre de Plataforma de Afectados por la Hipoteca (PAH). La mecánica de la PAH era relativamente sencilla. A partir de asesorías colectivas y de redes de apoyo mutuo —donde las personas *afectadas* exponían su caso y se organizaban—, se lanzaban campañas políticas y de desobediencia civil con un objetivo concreto: convertir a las personas hipotecadas en inquilinas. Los alquileres sociales, la eliminación de todas las deudas y la dación en pago de las viviendas fueron los ejes principales de vertebración del movimiento. Cientos de activistas de diversos movimientos formados en el 15M y multitud de personas afectadas por la crisis hipotecaria dieron cuerpo a la PAH. La extensión de la Plataforma, con más de doscientos grupos por todo el territorio, articuló en la práctica una alianza que permitía

---

[4] Melissa García-Lamarca, *Préstamos fallidos, personas fallidas. Vida y lucha contra la deuda hipotecaria,* Barcelona, Bellatierra, 2023.

que las reivindicaciones de *los movimientos* tomasen tierra en una causa concreta: *la de la vivienda.*

En tanto proceso complejo y contradictorio, la amplia implantación de la PAH se explica por el cruce que se produjo entre el movimiento 15M y este nuevo fenómeno de sindicalismo social. De hecho, solo gracias al movimiento de las plazas esta lucha pudo proyectarse más allá de determinados círculos y dotarse de consistencia. A la puerta de las viviendas desahuciadas se conjugó así una suerte de alianza entre migrantes expropiados e hijos/as de clase media, convertidos en activistas; una alianza que hasta esa fecha parecía imposible Se trataba de un proyecto de sindicalismo social compartido, con el objetivo de construir procesos de movilización, lucha y organización conjunta.[5]

De aquella experiencia, que llega hasta la actualidad, podemos extraer al menos dos lecciones. La primera es que el sindicalismo social se ha construido a partir de una *hipótesis de anticipación,* esto es, a partir de líneas de ruptura intuidas antes de que la crisis económica se convirtiera en crisis social. Así, para el caso de la PAH, ya en los previos a 2008 existían pequeños laboratorios sindicales en distintas ciudades —como las denominadas oficinas de derechos sociales, las ODS— que sirvieron de inspiración, punto de apoyo y de encuentro, antes de que el sujeto hipotecado entrara propiamente en escena. A un nivel micro, estos espacios permitieron el primer cruce entre tejidos militantes y el nuevo sujeto en crisis.

La segunda lección de la PAH estaba en su anclaje político y organizativo en los sujetos más afectados, así como alrededor de sus necesidades más inmediatas, como la vivienda, pero también el acceso a los bienes básicos, los suministros de gas, luz y agua, la salud o los derechos de las personas extranjeras. Esta nueva institución de lucha se apoyó, por tanto, sobre un sujeto nacido y organizado en las condiciones concretas de crisis. De hecho, este sujeto no preexistía a la crisis. Crisis, organización y nueva construcción institucional fueron de la mano. Por decirlo de otro modo, las formas concretas del nuevo sujeto en lucha incorporaron elementos no del todo previsibles, pero que sin embargo fueron en cierto modo anticipados por las experiencias previas.

En este punto, conviene considerar con más detalle el problema de las formas de la crisis y su relación con el sujeto o los sujetos políticos. Formulado en forma de pregunta, ¿existe alguna sinergia entre crisis, sujeto en lucha y organización? ¿Disponemos de algún tipo de análisis que nos permita deducir quiénes y en torno a qué movilizaciones se van a articular las luchas centrales de la siguiente crisis?

---

[5] Dean Spade, *Apoyo mutuo. Construir solidaridad en sociedades en crisis*, Madrid, Traficantes de Sueños, 2021.

Sabemos que el éxito de la PAH no respondió a un simple ejercicio de ingeniería social. Tampoco se debió a una deducción analítica más o menos razonada. Pero sin una matriz organizativa previa, con mecanismos y herramientas sindicales ya esbozados y en marcha, no se hubiese construido un espacio capaz de expresar y organizar las potencias de esa crisis de desahucios. Si este modelo de intervención pudo tener cierta capacidad de anticipación fue porque supo poner en funcionamiento un método de encuentro lo suficientemente abierto como para cruzarse o hibridarse con otras realidades; porque supo trabajar sobre las zonas opacas, imprevisibles y grises que se producen en las crisis.

Conviene así partir de una posición política capaz de analizar y anticipar los posibles escenarios críticos y de conflicto. Y esto no con el fin de tutelarlos o dirigirlos —algo de todo punto imposible—, como de nutrirse de ellos. Se trata de considerar la crisis como un analizador de las posibles dinámicas de producción de conflicto. Asumida la distancia entre el lugar donde se podrían producir estos nuevos conflictos y los sectores organizados dentro del campo político de la izquierda y de los movimientos sociales, la tensión del sindicalismo social se nos muestra desnuda. Al contrario de lo que pudiera parecer, no son las organizaciones las que con fantástica pericia política prefiguran el sujeto de lucha, sino que es la crisis —entendida en todas sus dimensiones— lo que constituye y *forma* los sujetos en lucha. La idea de anticipación nos empuja a construir una posición sobre los posibles contornos de intervención política, sobre los posibles territorios en disputa, pero no nos señala de forma clara la forma del sujeto político por venir. Es en el momento de la articulación política, no antes, donde aparecen la nuevas formas organizativas, pero también contraculturales, políticas e ideológicas. Todo lo cual no desmerece la importancia de ciertas tradiciones y memorias políticas.

De hecho, al considerar con cierto detenimiento las tres grandes crisis ocurridas en democracia (1973, 2008 y la que ahora se abre), observamos un dato curioso. Lo que conocemos como movimientos sociales e incluso como izquierdas casi nunca han sido capaces de construir verdaderos frentes de lucha en los puntos de ruptura social que se abrieron en estas crisis. Tradicionalmente, quienes se integraban en términos amplios en el sistema y quienes quedaban excluidos del mismo casi nunca han encontrado formas claras de alianza. Esto tiene importantes consecuencias de cara a la crisis actual, especialmente en lo que se refiere a una política que tome parte de las capas más proletarizadas y excluidas de la sociedad.

Así, por ejemplo, la primera generación en crisis nunca superó la depresión de los años setenta y ochenta. Esta fue la generación de la heroína y de los barrios obreros, la de la enésima exclusión del pueblo gitano, el paro y la reconversión industrial. Estos derrotados de primera hora apenas tuvieron una expresión política fuerte, ni en los años de crisis, ni en la posterior ola de modernización de la economía española de los felices ochenta (1985-1991). Por su parte, la segunda generación en crisis, a partir de 2008, estuvo compuesta por decenas de miles de migrantes proletarizados o en paro; una generación hipotecada que acabó en el subarriendo de habitaciones, alquileres desorbitados o en la precariedad asistida por los servicios sociales. Para esta generación quizás solo la PAH haya demostrado el potencial sindical de estos sujetos apenas definidos

En lo que al caso actual se refiere será preciso ahora hacer un retrato de la nueva generación en crisis. Como es lógico, sabemos mucho más de los perfiles producidos en las crisis pasadas que de los que vendrán. Y en esto parece que van a servir de poco las grandes conceptualizaciones del tipo multitud, precariado o proletariado. Pero tampoco aquellas que dan por supuesto las formas de esa crisis, en forma de colas del hambre, inquilinato o nuevos hipotecados. Lo que se trata de anticipar, por tanto, es quiénes van a formar esta tercera generación en crisis y cuáles van a ser las principales líneas de tensión política.

Con ánimo de empezar a contestar estas cuestiones, apenas disponemos de algunas intuiciones. El nuevo proletariado en crisis es bastante opaco. No parece que este se pueda resumir con nombres como proletariado, inquilinato o nuevo precariado. Lo que sí sabemos es que en esta nueva fase —como ya amagó en 2008—, el epicentro de la crisis se va a situar en algunos puntos concretos de la ruptura de la sociedad de clases medias, y en ciertas dinámicas de proletarización de los sectores más vulnerables.

Pero tampoco debemos ser ingenuos, los procesos que organizan estos movimientos de ascenso y caída social son complejos. Antes de prefigurar «el sujeto» y sus formas de lucha, debemos perfilar, en consecuencia, la forma de la crisis. Se trata de entender, por resumir, las fuerzas que sostienen el orden y su legitimidad, y también de cartografiar los movimientos centrífugos que desarman, segregan o deshacen esas líneas de integración. Esta es la clave de todo.

La modalidad española de la crisis

Nunca, ni siquiera en los peores años de la crisis de 2008, los indicadores económicos cayeron con tanta fuerza como con la pandemia de 2020. Más de un 11 % de retroceso del PIB, una espectacular escalada de la deuda pública, que llegó a superar el 116 % también del PIB, y más de 140.000 millones de euros inyectados en la economía española por parte de los fondos Next Generation, son algunos de los datos que explican la magnitud de esta depresión y la posterior recuperación.

A diferencia de la anterior crisis —cuando el propio gobierno socialista de José Luis Rodríguez Zapatero impuso recortes por valor de 15.000 millones de euros en un solo año—, la actual situación se presenta distinta. Tres años después de la pandemia, los mecanismos estatales de integración siguen funcionando. Ya sea a pesar o a causa de la reforma de las pensiones, el mantenimiento de las reformas laborales, el cierre sangriento de fronteras, los desahucios o la privatización de los servicios públicos, la economía parece que «va bien». Y, de hecho, si no hubiera sido por la irrupción de los procesos inflacionistas, hablaríamos de un cierto equilibrio y continuidad en los mecanismos de estabilización social.

Por considerar algunos datos, a finales de 2023, el paro se situaba en torno a los 2,7 millones de personas, sin percibirse mayor crisis de empleo que en los meses precedentes, y muy lejos de los cinco millones de la crisis pasada. También a diferencia de aquella, las clases medias no han percibido impacto alguno de esta reciente crisis más allá de la subida de los precios, que por ahora se ha quedado en un serio aviso de futuras tensiones macroeconómicas. El contexto inflacionista ha hecho, además, que los beneficios empresariales repunten y que en casos como el sector de la alimentación o el sector bancario se disparen. De hecho, los seis grandes bancos españoles obtuvieron más de 21.000 millones de euros de beneficio durante el año 2022. En el sector alimentario, tal y como denunciaba la confederación de organizaciones agrarias (COAG), los productos agrarios experimentaron espectaculares subidas de precios muy por encima del valor de compra a los productores. Por citar solo algunos productos cotidianos, en 2022, el precio de venta al consumidor final del brócoli subió en un 456 %, el de las naranjas en un 887 %, los ajos en un 749% y las patatas en un 576 %.

La inflación se convirtió, de este modo, más allá del obvio impacto del incremento de los precios de la energía, en la mejor manera de recapturar —por parte de las principales agencias capitalistas— los incrementos salariales previos y en cierto modo la liquidez generada por las políticas de expansión monetaria de la UE. La inflación ha permitido así una fuerte transferencia de rentas de las familias a los monopolios empresariales y al sector financiero, lo que ha apuntalado sus beneficios y su capacidad para sortear la crisis.

De otra parte, y salvo excepciones, el debate público sobre la inflación se ha centrado en torno a su relación con la subida o no de los salarios. Pero tal y como ha señalado en varias ocasiones el economista Michael Roberts,[6] la inflación que arrancó en 2022 no tiene que ver con una supuesta presión de los salarios sobre los costes empresariales. Sin obviar la tensión que la pandemia y la guerra han impreso sobre las

---

[6] Michael Roberts, «El debate de la inflación», *Revista Sin Permiso,* abril de 2022.

cadenas globales de materias primas y de suministros, es evidente que los grandes actores empresariales han aprovechado la coyuntura para elevar los beneficios a costa de disparar los precios. El marco de explicación de la crisis, tal y como señalaba Roberts, debe por eso ampliarse. Así por ejemplo, es preciso considerar la caída de la oferta como factor detonante de la desinversión, fenómeno que se ha producido especialmente en los sectores productivos de baja rentabilidad, y que apunta sobre la endémica falta de rentabilidad del conjunto del sistema. Aun cuando no sea objeto de este artículo considerar la crisis de sobreproducción, que lleva décadas necesitando de constantes reajustes a la baja, debemos señalar las diferentes capas o líneas de tendencia que apuntan hacia un declive económico y que no pueden explicarse exclusivamente por factores como la crisis de materiales o la crisis climática.

Sin mayor desarrollo, podemos resumir la actual crisis con la imagen de un monumental atasco del conjunto de la economía global, que está empezando a tener serias consecuencias políticas. Así mientras las revueltas populares han provocado en los últimos años olas de protesta en Ecuador, Sri Lanka, Perú, Líbano o Sudán, otros muchos países han tomado medidas para recortar las importaciones de productos alimentarios y favorecer el autoabastecimiento. El control de precios de los propios mercados pretende esquivar de este modo los posibles estallidos sociales. Casos como el de Argelia, Argentina, Irán o Turquía serían buenos ejemplos. Del mismo modo, se asiste a la construcción de un nuevo marco geopolítico y de hegemonías globales, que da nuevas alas al horizonte anticolonial, tal y como se ha demostrado en Níger o —en diferente medida— en Senegal.[7]

También en Europa, estos elementos de desestabilización —la inflación y los recortes públicos impuestos tras la pandemia— están detrás de las recientes movilizaciones, con los casos de Gran Bretaña, Alemania y Francia a la cabeza. En el caso de Francia es preciso considerar el ciclo de insurrección casi continua que se extiende en una secuencia que comienza con los chalecos amarillos en 2019, sigue con las luchas ecologistas y culmina con las recientes protestas contra la reforma de las pensiones y las nuevas revueltas de las *banlieues*. Estos movimientos son un primer síntoma de que se están abriendo algunas de las costuras que sellaban el equilibrio de poderes de la globalización capitalista.

---

[7] Véanse las revueltas que al menos desde 2021 viene protagonizando la juventud senegalesa y que han llevado al asesinato de al menos 23 manifestantes a manos de la policía en defensa de Ousmane Sonko; también el golpe militar del 26 de julio 2023 del general Abdourahamane Tchiani en Níger con el que se solidarizaron las juntas militares de Mali y Burkina Fasso. En todos estos casos ha habido un explícito posicionamiento anticolonial y contra el poder de Francia sobre estos países, lo que parece apuntar a un cambio sustancial en las relaciones geopolíticas en África.

No obstante, cómo se podrían expresar estas tensiones en el Estado español. ¿Se tratará de movilizaciones más ligadas a la crisis de inflación como en Inglaterra y Francia, o quizás de una nueva crisis hipotecaria, o bien —como en el caso francés— de una reacción defensiva frente al deterioro del Estado del bienestar y —por extensión— de la justicia social, incluida la justicia climática? Ciertamente, no se trata de un ejercicio sencillo de adivinación.

Desde el punto de vista de las posibles formas de gobierno de la crisis, lo más relevante es que —a diferencia de la crisis de 2008—, ahora no está nada claro dónde está el verdadero centro de decisión y mando. De un lado, el Banco Central Europeo combate la inflación con subidas de tipos de interés que, a pesar de moderar los precios, ponen de nuevo en riesgo al sistema bancario y al conjunto de empresas, administraciones públicas y particulares según sus diferentes niveles de endeudamiento. Al mismo tiempo, a diferencia de lo sucedido en 2008, y con la guerra de Ucrania y de Oriente Medio de por medio, la estabilidad del corazón mismo de Europa, con Alemania a la cabeza, parece también amenazada.

No se puede olvidar que estamos en pleno giro de los ejes de poder económico global a favor de los BRICS. Países-continente como China, Rusia, Brasil e India llevan décadas capturando líneas productivas que antes eran de indudable liderazgo estadounidense o europeo. Los modelos de gobernanza global posteriores a la Segunda Guerra Mundial están entrando en una situación de cambio irreversible con el desplazamiento de los países centrales del viejo ciclo (Estados Unidos, Japón y Alemania) a posiciones mucho más débiles. Indudablemente en este juego de posiciones, Europa tiene todas las papeletas de salir perdiendo.

Quizás por esta debilidad europea, nadie parece dispuesto a decretar la austeridad en los mismos términos que en 2008-2011. Lo que se resolvió después de 2008 apretando el botón de la crisis de deuda pública, no parece tener ahora fácil solución. Con una Alemania seriamente dañada por la guerra de Ucrania y con la expulsión desde los años noventa del 10 % de su población de la clase media hacia los estratos más pobres,[8] Europa está entrando en esta nueva fase de crisis sin un claro modelo de gobierno.

Los procesos de estabilización

Efectivamente, parece que esta vez no hay troika. No al menos aquella que gobernó la anterior crisis.[9] Hoy el modelo de intervención europeo pasa por la aplicación de diferentes medidas de impulso de la economía

---

[8] OCDE y Bertelsmann Foundation, «Is the German Middle Class Crumbling? Risks and Opportunities», OCDE, 2021.

[9] En el marco de la crisis del euro, se llamó troika a la Comisión Europea, el Fondo Monetario Internacional y el Banco Central Europeo.

y contención de la crisis, territorio a territorio. La Unión Europea sigue marcando la pauta, pero sus Estados han ganado una cierta centralidad relativa en la gestión de la crisis. Por eso, debemos comprender el papel que juegan los Estados, a la vez que entender también cuales son los resortes de control e integración europea.

Al menos hasta que termine por consolidarse el nuevo giro a la austeridad, los Estados se presentan como los auténticos árbitros sociales de la crisis. La UE ha parecido dejar en sus manos la gestión económica de la pandemia y de ciertas políticas sociales, teñidas de retórica verde. Aparentemente, por tanto, han sido las entidades encargadas de coordinar y mantener la actividad económica y el empleo durante la crisis sanitaria y posteriormente durante la reciente recuperación de 2022-2023. Los créditos ICO, la gestión de los fondos Next Generation o la compra de acciones por parte de la SEPI, para el caso español, son buen ejemplo de ello.[10] A fin de cuentas, los Estados parecen haber vuelto a reclamar su papel como directores económicos y guardianes de la estabilidad social. Aparentemente.

Para el caso español, este tipo de intervenciones se presentan como relativamente exitosas. Así, si bien los márgenes de beneficio empresariales se han disparado, al tiempo que se profundizaba el deterioro social marcado por la inflación, esto no ha generado una clara oposición social, menos aún una oleada de protestas. A pesar de las alarmantes cifras de desahucios —más de 41.000 en el año 2021— y de las renovadas líneas de precarización laboral —con una pérdida de más del 14 % del poder adquisitivo—, la tensión social se ha visto relativamente apaciguada. A primera vista, por tanto, los principales lineamientos sociales parecen equilibrados. Podríamos decir incluso que las tibias medidas tomadas en materia de vivienda y una reforma laboral de escaso calado han sido suficientes para mantener el control de la situación. Con poco más que un puñado de guerras culturales, peleas internas en el gobierno y algunas consignas —cuando no chantajes en pro de la unidad de la izquierda frente a la derecha—, se ha resuelto buena parte de esta posible conflictividad, al menos la que podría venir por el flanco izquierdo.

Debemos entender que, en esta situación, en la que los impactos de la incipiente crisis están contenidos en los sectores más vulnerables, es probable que asistamos a pocas tensiones políticas. De hecho, lo realmente importante es saber si la crisis puede poner realmente en juego la estabilidad de las clases medias; esto es, si el modelo de reproducción social de nuestra democracia, que —en términos muy gruesos— sostiene a dos tercios de la población dentro de ciertos niveles de bienestar, puede seguir operando.

[10] Erika González y Pedro Ramiro, «El estado-empresa español en el capitalismo verde», *La Pública*, núm. 1, 29 de junio de 2022.

Con una inteligencia práctica que merece analizarse, el Estado ha apostado por mantener los hilos de una economía que pasa por momentos delicados, al tiempo que no ha descuidado las grandes líneas de reproducción de las clases medias. Un elemento, que resulta aquí fundamental, es el crecimiento del gasto público y con ello de la deuda pública. Valga decir que en 2023, el Estado y las comunidades autónomas han tenido que pagar más de 134.400 millones de euros en concepto de servicios de deuda, quizás el mejor indicador de los elevados niveles de endeudamiento. También que si en el año 2017 la deuda de todas las administraciones públicas estaba en 1,18 billones de euros, en diciembre de 2022 se situaba por encima de los 1,5 billones (véase el cuadro 1). Este fuerte apalancamiento de las administraciones tiende obviamente a agudizar el marco de subordinación de los gobiernos a los mercados financieros, a subordinar las cuentas públicas a sus acreedores, lo que puede convertirse, como sucedió en 2008-2011, en un fuerte elemento de desestabilización económica y social.

Cuadro 1. Evolución del presupuesto de gasto del Estado (PGEs 2005-2023)

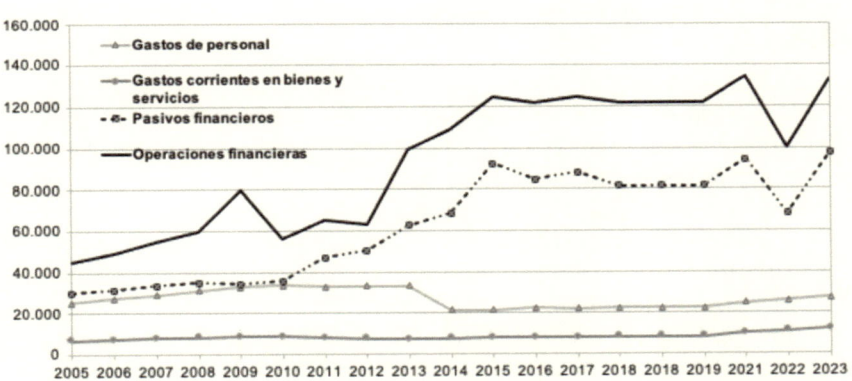

Fuente: Presupuestos Generales del Estado. Ministerio de Hacienda y Función Pública.

En este sentido, cuando se dice que las líneas básicas de reproducción de estas clases medias siguen siendo estables se dice fundamentalmente que estas siguen estando (de momento) ampliamente financiadas por el Estado. A la hora de considerar el modelo de reproducción de las clases medias de base estatal, este se puede resumir, de hecho, en tres grandes rúbricas: el mantenimiento de los *valores patrimoniales (fundamentalmente inmobiliarios)*, la ampliación y reproducción de las *capas funcionariales* y la consolidación de los sectores *licitadores y proyectistas* dependientes de la economía pública.[11] A estos tres factores habría además que añadir un cuarto elemento, que es la *preservación de los sistemas de bienestar (educación, sanidad, etc.)*, como garantía última de las clases medias. Si bien a este último no le dedicaremos mayor atención aquí, vamos a tratar de hacer un análisis pormenorizado de los tres puntos anteriores.

La primera cuestión remite al mantenimiento de la sociedad de propietarios heredada del franquismo y promovida también durante las primeras décadas de la democracia. La segunda tiene que ver con la contratación pública de funcionarios interrumpida durante la crisis de 2008. Y la tercera se resume en la capacidad inversora de las administraciones públicas a la hora de sostener una parte de la economía privada y, por ende, del empleo ligado a la misma. En las crisis previas, estas tres cuestiones han actuado como parteaguas entre quienes cayeron por la pendiente del descenso social y quienes aguantaron el envite. De igual modo, estas tres dimensiones van a ser seguramente determinantes de nuevo en la crisis por venir. Al fin y al cabo lo que está juego es la reproducción de la sociedad de clases medias, tal y como la hemos conocido. De cómo se estructure o se destructure este cemento social se podrá determinar la nueva crisis. Tratamos cada uno de estos puntos en detalle.

1. *La democracia de propietarios*. El mercado inmobiliario ha sido durante décadas el espacio privilegiado de ahorro e inversión de las familias de clase media. Dos magnitudes nos pueden resumir esta cuestión. Cerca del 11 % de la población mayor de 25 años —y en torno al 14 % de los hogares— reciben algún tipo de renta por alquiler de una o varias viviendas.[12] De hecho, si entre 2008 y 2021 el numero de hogares que vivía de alquiler aumentó en 800.000 unidades, el número de personas que declararon tener ingresos por alquiler lo hizo en más de un millón. Sin duda, la propiedad es interpretada por las clases medias como la principal y más segura de sus inversiones, y como el medio de captación de rentas más importante más allá de los ingresos salariales.

De otro lado, la vivienda concentra en los balances de las familias españolas un valor equivalente a 6,23 billones de

---

[11] Estos tres elementos destacados aquí como centrales para la constitución y reproducción de las clases medias están desarrollados en Emmanuel Rodríguez, *El efecto clase media*, Madrid, Traficantes de Sueños, 2022.

[12] Dato elaborado a partir de las declaraciones de viviendas en alquiler de la Agencia Tributaria 2021.

euros.[13] La crisis no ha destruido este valor más que de una forma temporal. Antes al contrario, entre 2012 y 2022 el valor del patrimonio inmobiliario en manos de las familias creció en 1,68 billones. A pesar de la crisis, de hecho todos los estratos de la clase media —*grosso modo* entre los percentiles 40 y 90— vieron incrementado el valor de su patrimonio.[14]

Las cifras muestran igualmente que las posiciones propietarias siguen teniendo un enorme grado de transversalidad. Por ejemplo, del volumen total de alquiler de bienes inmuebles, más del 83 % pertenecen a personas con rentas inferiores a 60.000 euros anuales y más de la mitad con rentas inferiores a 30.000 euros anuales.[15] Además, el número de propiedades en manos de las familias distintas a la vivienda habitual ha aumentado en los últimos años en todos los estratos de renta, salvo en el 25 % de menores ingresos.[16]

Estos datos parecen mostrar que el conjunto de las familias de clase media y alta no solo han conservado sus posiciones propietarias y conservado el valor de sus patrimonios, sino que muchas han pasado a alquilar propiedades como medio para incrementar sus ingresos, pasando a tener a una posición económica propiamente rentista.

2. *El funcionariado.* Otro de los elementos en disputa tras la crisis de 2008 fue el acceso al empleo público, caracterizado por salarios, estabilidad y garantías muy superiores a las del asalariado en el sector privado. La oferta de empleo público y especialmente de plazas de funcionario de carrera había quedado casi cerrada tras la aprobación de la Ley 2/2012 de Estabilidad Presupuestaria y Sostenibilidad Financiera. No obstante, pasados diez años, se ha superado la cifra de 2,7 millones de empleados públicos. La vía funcionarial, que se vio truncada entre 2011 y 2018,[17] con importantes recortes a la contratación pública en todos los niveles de la administración, se ha abierto de nuevo y ha vuelto a convertirse en una de las piezas clave para la reproducción de las clases medias.

---

[13] Datos de *Contabilidad nacional* elaborados por el Banco de España.
[14] Encuesta Financiera de las Familias (2002-2020), Banco de España, 2022.
[15] Estadísticas de la Agencia Tributaria, 2021.
[16] Encuesta Financiera de la Familias, Banco de España, 2022.
[17] El primer recorte serio se produjo con el Real Decreto-ley 20/2011, de 30 de diciembre, de medidas urgentes en materia presupuestaria, tributaria y financiera para la corrección del déficit público. Estas medidas se trasladaron a la Ley 2/2012, de 29 de junio, de Presupuestos Generales para el año 2012.

Cuadro 2. Evolución del número de funcionarios (2002-2022)

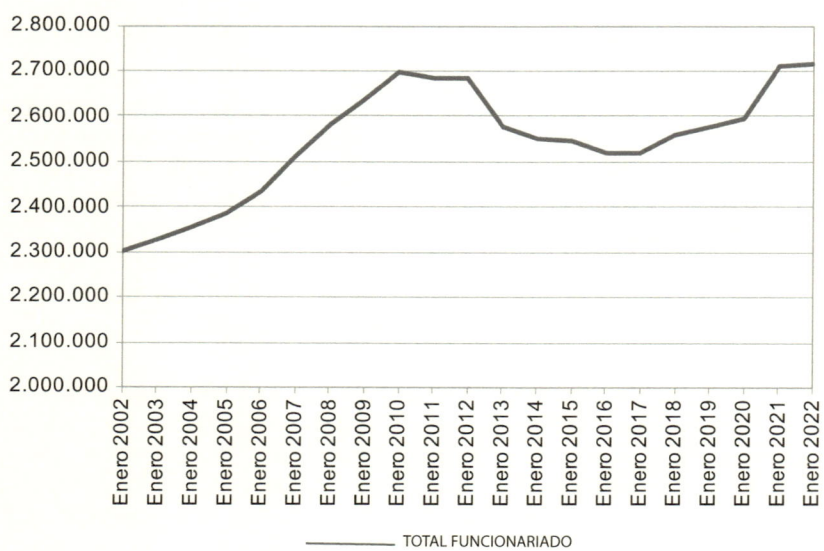

Fuente: Ministerio de Hacienda y Función Pública.

El acceso al funcionariado no se debería confundir con el aumento de la interinidad o las ruedas de entrada y salida en las administraciones. A pesar de los altos índices de interinidad en los cuerpos públicos, la oferta de plazas en oposición no ha hecho más que incrementarse en estos años. Algunas encuestas hablan, de hecho, de 6,8 millones de personas que en la actualidad están en fase de preparación de una oposición o que han opositado recientemente. Solo en 2022, el Estado anunció más de 44.000 nuevas plazas en su oferta de empleo público, a las que habría que sumar otras 45.000 de las comunidades autónomas.

Dos elementos más pueden servir también a esta explicación. En la pasada crisis, especialmente en 2011, se produjeron recortes salariales a los funcionarios (congelación salarial y eliminación de alguna pagas) y se pusieron en marcha las denominadas tasas de reposición, que eliminaron más de 160.000 puestos públicos. Lo que se ha visto entre 2017 y 2022 tiene, sin embargo, un signo completamente distinto. En estos años se han creado 211.700 nuevas plazas públicas.

3. *Las fracciones proyectistas y licitadoras.* Similares resultados se pueden observar en lo que podríamos dar el nombre de sectores licitadores y proyectistas.[18] Este amplio abanico de puestos de trabajo se caracteriza por ser directamente dependiente de los presupuestos públicos. El rango de sectores económicos que se podrían incluir aquí es enorme y va desde la obra civil hasta la consultoría pública; desde la «cultura» a los servicios sociales subcontratados al tercer sector. En estos ámbitos, la estabilidad o expansión de los presupuestos públicos se traduce en mecanismos de contratación de los que dependen de forma completa o casi completa.

Si consideramos la crisis anterior, se recordará que los recortes sumaron entre 2012 y 2014 más de 102.000 millones de euros. La cuestión es si se puede reconocer algo parecido hoy en día. La respuesta a esta pregunta no es sencilla, pero ciertamente el panorama actual dista mucho del de hace una década.

Cuadro 3. Evolución del gasto en subcontratación e inversión en obras del Estado (2005-2023)

Fuente: Ministerio de Hacienda y Función Pública.

De acuerdo con la evolución que reflejan los anteriores gráficos, si el crecimiento del empleo público fue de un 8,4 % entre la anterior crisis y el año 2023, la inversión pública del Estado en subcontratación de servicios (y su personal asociado) lo hizo en un 60,4 %. Y en el apartado de inversiones directas vinculadas a obras públicas el incremento fue del 207,2 %, superando notablemente el gasto público previo a la crisis.

---

[18] Tomamos este término por extensión de los análisis de la obra David Graeber, *Trabajos de mierda*, Barcelona, Ariel, 2018.

A primera vista, por tanto, los resortes básicos de la política de Estado respecto de las clases medias siguen funcionando con eficacia. La pandemia y las políticas poscrisis han reforzado la centralidad de las economías públicas —si cabe más que antes de 2008—, como espacio de coordinación de los impulsos económicos de la contabilidad nacional. Y este hecho —claro está— tiene importantes consecuencias políticas.

En términos generales el panorama a finales de 2023 resulta, de acuerdo con lo analizado, relativamente sencillo de entender. Por un lado, el número de desempleados, aunque alto, se mantiene en un contexto de cierta capacidad de generación de empleo precario. A su vez, las puertas de las administraciones públicas se han abierto a la contratación de nuevos funcionarios, mientras el gasto público sigue proporcionando nuevas oportunidades de medios de vida, en forma de proyectos, servicios y obras. De otro lado, en las economías familiares, los patrimonios inmobiliarios han mantenido balances estables, e incluso crecientemente saneados, de tal forma que incluso el ahorro familiar ha repuntado en el primer semestre de 2023, superando el 11 % de la Renta Bruta Disponible.[19]

Cabe insistir en que no es sencillo anticipar las próximas rupturas sociales en una nueva fase de crisis. Sabemos que existen algunas realidades que van a quedar descolgadas de estas líneas de estabilización y recomposición. También sabemos que el futuro sindicalismo social deberá apuntar a organizar estas realidades precarias, que tienden a caer por debajo del nivel de flotación de la clase media. No obstante, se hace difícil anticipar algo similar a lo sucedido con la crisis hipotecaria de 2008. La pregunta vuelve a ser qué nuevos conflictos y movilizaciones podemos ya anticipar.

Los procesos de desestabilización

Las características de la intervención pública —articuladas por el gobierno progresista— han permitido que las políticas de continuidad de las viejas trayectorias neoliberales no hayan desencadenado protestas equiparables a las de Reino Unido o Francia. De hecho, solo algunas movilizaciones como las de defensa de la sanidad pública o el #8M tuvieron cierto grado de masividad en la legislatura que finalizó en 2023. Casi en solitario, los únicos amagos de movilización vinculados al actual ciclo de crisis vinieron de la mano de los transportistas, enfrentados a las subidas del precio del diésel.

En los meses finales de 2022, estas movilizaciones se concretaron en varias huelgas y protestas que terminaron con las medidas de *subvención al diésel* por parte del gobierno. Como ya había sucedido

---

[19] Banco de España, *Informe sobre la situación financiera de los hogares y las empresas,* Madrid, BdE, 2023, p. 11.

con otro de los conflictos heredados de la pandemia (los desahucios), el gobierno volvió a encauzar la situación con dinero público. El coste se endosó, en esta ocasión, a los Presupuestos Generales del Estado (PGEs), engrosando aún más el saldo de deuda pública.[20] A partir de ese momento, el horizonte de la movilización quedó en tierra de nadie. La derecha, que animó las protestas en el transporte, no logró tener más que una incidencia puntual, lo que ha acabado manifestando un cierto retroceso de VOX en todos estos sectores. Por parte de la izquierda progresista, la situación se ha saldado con el control, más o menos efectivo, de las líneas de desestabilización.

La conclusión de estos años de crisis pandémica e inflaccionaria es que las políticas de estabilización consensuadas con Europa y protegidas por el gobierno progresista han logrado contener los impactos políticos y sociales que amenazaban con producir una nueva quiebra social y política. Sin enemigos reseñables en el campo sindical o en el campo social, el gobierno progresista ha sabido jugar sus cartas. Una vez integrada toda la izquierda (la nueva y la vieja) en el ámbito parlamentario e hipotecada por la contención de la extrema derecha, se ha vuelto cada vez más difícil construir movilizaciones capaces de desbordar los límites marcados por el gobierno progresista.

No obstante, esta crisis ha mostrado algunos indicios interesantes. La primera cuestión a considerar es que la diversidad de capas de la crisis ya no va a permitir una vuelta a *una retórica del 1% frente al 99%.* Lo que está por venir no pasará seguramente por *la lógica de la ciudadanía contra la oligarquía o de la democracia frente a la casta*, como sucedió en 2011. En esta ocasión, por tanto, será difícil que la propia democracia y sus mecanismos de reproducción sean a la vez la fuente del conflicto y el espacio de contención e integración del mismo.

Desde esa perspectiva, se debería poder dibujar otro terreno de juego, seguramente caracterizado por movilizaciones protagonizadas por quienes no tienen un horizonte claro de integración. Quizás estamos aquí anticipando un nuevo espacio de protesta, donde podrían concurrir los herederos de la crisis de 2008 —expulsados del tablero político y económico del país—, y quienes salgan mal parados de esta futurible crisis de las clases medias. Sobre todo, aquellos quienes están en sus estratos de ingreso más bajos.

A falta de mejores inspiraciones para anticipar las nuevas formas y lugares de protesta, quizás convenga considerar las principales líneas de movilización social de la derecha. De hecho, las dianas de la

---

[20] Nos referimos en materia de desahucios al Decreto 20/2022 que compensa a precios de mercado al propietario de una vivienda donde se paralice un desahucio. Esta medida es la que se hace equivalente a subvencionar con dinero público al sector de los hidrocarburos por la subida de precios.

nueva derecha pueden servirnos de inspiración acerca de las líneas de conflicto y politización por venir. Con trazo grueso, son cinco los campos de batalla elegidos por estos espacios sociales y políticos —mucho más amplios y complejos que su forma política representativa aglutinada en VOX—. Estos posibles espacios de disputa se pueden concretar como sigue: *la lucha contra la globalización y la defensa del territorio, las guerras del diésel, la defensa de la propiedad, las fronteras y la islamofobia, y la reconstrucción de la familia patriarcal.* Siendo a su vez dos los lemas generales que pretenden englobar a todo lo anterior: *la reacción nacional y el «cuidado de lo nuestro» (sic).*

Se puede discutir si estos espacios apuntan realmente sobre las temáticas centrales de la próxima crisis, pero sin duda constituyen un terreno de disputa fundamental. Y esto por varias razones: primero, porque en estos puntos se agitan las viejas soflamas nacionalistas españolas, si bien renovadas en el contexto de crisis de la globalización y de un creciente caos sistémico. A su vez, estos espacios muestran una de las características de los futuros conflictos: *la extrema ambigüedad y diversidad de intereses de los sujetos en liza.* Esta complejidad y ambigüedad se muestra especialmente ajena a la política institucional pos 15M, específicamente al eje izquierda-derecha y su reflejo en el estrecho campo de las batallas culturales entre *progres* y *fachas.*

De otra parte, la señalada recomposición de las escalas globales, así como el incipiente proceso de desglobalización, han sido considerados sin demasiada crítica por parte de los nuevos discursos de la economía verde. La mayoría de los gobiernos se han sumado a la operación tragicómica de un poder financiero global que habla un particular dialecto ecocapitalista. Esta suerte de desarrollismo verde se acompaña de un modelo de explotación territorial, energético y social que ahora se viste con un discurso de progresismo político. Y esto último es lo que resulta más problemático.

La minería de tierras raras, la ganadería intensiva, la proliferación de regadíos, los macroproyectos de eólicas y solares han puesto encima de la mesa serias contradicciones dentro de los planteamientos del ecologismo y, por extensión, del conjunto de la izquierda y de los movimientos sociales. La polémica alrededor de las macroinstalaciones de energía renovable, los modelos de gestión del agua, la defensa del lobo, las posiciones animalistas o la multiplicación de las ampliaciones urbanas verdes, sociales y con vivienda asequible, han llevado a los movimientos sociales a distintos callejones sin salida. En torno a esta cuestiones han aparecido así multitud de zonas grises e intermedias, nuevos puntos calientes sobre las que solo parecen intervenir fuerzas de derecha.

Por considerar un caso, en el ámbito urbano —y cruzado con la cuestión de la logística y la movilidad—, estas contradicciones se han expresado con cierta claridad en lo que podríamos llamar *las guerras del diésel*. Los conflictos, presentes y futuros, por el acceso y reparto a buen precio de este combustible —en plena guerra por el mantenimiento de la industria automovilística— tienen que ver también con la cuestión de la movilidad urbana. La promoción de zonas de bajas emisiones y del coche eléctrico implican aquí un desplazamiento *de facto* de las clases populares. Al reservar los centros urbanos como hábitat prioritario para la movilidad eléctrica, el turismo transnacional del queroseno y el AirBnB, se restringe a la vez el acceso privado a aquellos con menores opciones, condenados a tener una posición de servicio y consumo subordinada a un transporte público masificado o a veces inexistente.

Como consecuencia, y en el corto y medio plazo, la hipermovilidad de los ricos y de las clases medias suburbanas, sumada a la de los turistas, contrasta de forma insoportable para muchos con las periferias proletarizadas dependientes de la logística, los servicios y el transporte vinculados al diésel. Atadas a sistemas de transporte público muy precarios, la brecha de clase tiende así a ensancharse en los términos más inmediatos de la movilidad y el acceso, especialmente en los entornos metropolitanos. En lo que a este punto se refiere, las medidas de protección del medio ambiente, al lado del acelerado deterioro de los sistemas de transporte público (es el caso de las cercanías ferroviarias), serán interpretadas exclusivamente como una expresión más del poder de clase.

Este tipo de conflictos larvados es lo que el gobierno de Pedro Sánchez, contra todo criterio ambientalista, resolvió subvencionando los carburantes de toda la población en 2022 y de todos los profesionales en 2023. En esencia, el modelo de desarrollo del capitalismo español, en forma de un nuevo keynesianismo verde, no encuentra más soluciones que el viejo modelo desarrollista apoyado por fondos públicos.

En este marco, la receta de VOX pasa por una interpretación exclusivamente centrada en una retórica nacionalista: *tu mejor defensa es la patria*, que tampoco termina de funcionar, pero que al menos tiene capacidad para mostrar y aprovechar algunas de estas contradicciones. Su falta de efectividad solo se puede explicar porque el votante medio sigue viendo en el perfil de VOX a un profesional de la política o, de forma casi cómica, a un «cayetano». Y también porque el núcleo central de estos conflictos afecta principalmente a población migrante y a los hogares con menor renta, aquellos que poco se pueden identificar con VOX o *in extenso* con el perfil de cualquier fuerza política. Es por este motivo que la nueva crisis lleva necesariamente aparejada una fuerte crisis de representación política. El fenómeno abstencionista que tanto preocupa en la sociología política oficial —sobre todo del campo progresista— no es más que la expresión electoral de la desafección producida entre las clases populares, las más golpeadas por la crisis. Sin esta base material concreta entre la población de menores recursos, el resto de banderines de enganche de la derecha, como la islamofobia y la defensa de los valores y la cultura españolas —que se ponen en relación con la defensa de las mujeres frente al Islam—, no garantizan más que un predicamento limitado. La compleja ecuación de feminacionalismo, islamofobia y la economía nacionalista frente al «globalismo verde», que propone la nueva derecha, tiene por eso los pies cortos.

Por su lado, las respuestas del progresismo a las contradicciones que acabamos de plantear suelen quedarse en un terreno confuso. Ya sea la implementación de una suerte de keynesianismo verde o un decrecimiento planificado, el conjunto de soluciones «de izquierda» a la crisis resultan difíciles de imaginar (y menos de realizar) sin el recurso a una expropiación masiva y colectiva de bienes privados. Por eso las propuestas políticas progresistas suelen resumirse en un uso deliberado del miedo a la derecha como elemento disciplinante. Fuerzan así al cierre de filas en torno a una supuesta unidad del campo progresista, signifique lo que signifique esto.

En todo caso, mientras este (neo)progresismo pueda seguir usando los diques de contención social señalados más arriba, como modelo de integración, no se producirá una clara ruptura social. Por su parte, la extrema derecha ha demostrado entender los ejes temáticos del conflicto, pero camina —salvo en el mundo rural y en algunos sectores sociales muy reducidos— en dirección contraria a la de las clases sociales que deberían protagonizar los nuevos conflictos. En 2023, con la investidura de la nueva coalición progresista, la cuestión puede quizás posponerse algún tiempo. De lo que no caben muchas dudas es de que estas contradicciones van a plantearse de forma agudizada, a medida que avance la crisis, y que ni el magro crecimiento económico, lastrado por la deuda pública, ni las políticas de expansión cuantitativa van a lograr producir una situación de pleno empleo y un crecimiento de la justicia social.

En el medio plazo, es más que previsible que estalle una nueva oleada de conflictos. La mayoría resultarán ambiguos y difíciles de interpretar, también serán difíciles de encajar en los relatos y en los ejes de tipo izquierda-derecha, o según patrones del tipo feminismo / antifeminismo o ecologismo / negacionismo. Por esta razón, es preciso pensar modelos de intervención que proporcionen marcos de interpretación nuevos, sin deudas ni complicidades con este espacio (neo) progre. En este sentido, el sindicalismo de la crisis —en tanto hipótesis de anticipación— debe salir de la ilusión planificadora, de cierta idea democrática que reconstruye la ilusión keynesiana o que confía en la alianza entre los sectores políticos radicales y de la izquierda con los gobiernos progresistas.

Más allá, se trata de pensar e intervenir en los territorios concretos, a pie de calle, en el medio de la crisis. Las fronteras, la islamofobia y la criminalización de los MENAS, la movilidad de los pobres, la familia, la desglobalización de la economía, el ámbito rural, la seguridad, el acceso a la renta, la propiedad inmobiliaria o las violencias machistas van a ser espacios probables de disputa. Las economías informales, los territorios de lucha de los no propietarios (hipotecados, inquilinas, okupas), las comunidades posfamiliares y posnacionales, el mestizaje o la construcción de un feminismo popular deben formar parte de esta apuesta por la construcción de futuras comunidades en lucha.

En forma de consigna, el sindicalismo de la crisis debe ser antifascista y antiprogresista. Su campo de actuación no debe ser ni el negro de la derecha, ni el blanco inmaculado del gobierno progresista, sino el gris de las crisis vitales, diversas, complejas y contradictorias que se van a producir en las líneas de frontera entre los sujetos de las tres crisis que ya hemos señalado. Los olvidados de la primera democracia, los migrantes caídos en 2008 y los nuevos precarios de las clases medias que ven sus posibilidades de reproducción social arruinadas deben encontrar en este sindicalismo un espacio de alianza y lucha. Como ya hemos señalado, es en estos espacios «raros» donde están interviniendo los nuevos ecosistemas de derechas, aún torpemente, pero con cierta visión de futuro.

Ahora bien, ¿cuál es el papel del núcleo central de los movimientos sociales que ahora tiene un pie en la *clase funcionarial* y otro en la *clase proyectista*? ¿Cómo hacer política desde ese lugar tan contradictorio y ambivalente? La querencia de los movimientos por las políticas de los techos del cristal (el techo de cristal del feminismo, el techo de cristal institucional, el techo de cristal de las leyes injustas),[21] así como por la integración y la representación dentro del marco sistémico, han entrado en crisis. Si aceptamos el carácter contradictorio de esta posición, deberíamos también aceptar la necesidad de abrir nuevos debates.

El cruce de caminos necesario para superar este impás político y articular nuevas alianzas sociales es complejo. De un lado, tenemos tres generaciones en crisis, dos crisis consolidadas y otra en ciernes. Del otro, varias generaciones militantes compuestas por diversas

---

[21] El término «techo de cristal» fue una imagen corriente en el momento pos15M con la que se aludía al campo de posibilidades abiertas con el fin de escalar el conflicto social. Los horizontes se situaban —según se decía entonces— por encima de un umbral transparente, que permitía ver hasta donde se podía llegar, pero que sin embargo no se podía atravesar. La supuesta solución pasó por organizar partidos y candidaturas, convertir las fuerzas organizativas en sistemas de demandas y reclamaciones de derechos dirigidas al Estado. Paradójicamente no lograron su objetivo inicial de superar los límites señalados.

familias políticas, marcadas por una ideología progresista y democratista, en la mayoría de los casos con tendencia a concentrar sus esfuerzos en intentar romper esos infinitos «techos de cristal», esto es, a abrir camino para nuevas formas de integración. Una militancia, por tanto, todavía tendente a aprovechar los mecanismos de reproducción disponibles; todavía distanciada de la construcción política marginal a la que obligan la ruptura y la desintegración que se expresan en cada nueva fase de crisis. El reto es, sin duda, enorme.

¿Donde está el sindicato de la crisis?

Por lo que se ha visto, la anticipación de los futuros conflictos es todavía una ciencia incipiente. Podría tratarse de movilizaciones por los servicios públicos, y por eso necesariamente mediadas por el campo progresista. También podría tratarse de movilizaciones más imprevisibles como las de las pensiones en Francia, o motivadas por las subidas de los precios de los bienes básicos. Otra opción es que surjan protestas vinculadas a los sectores del transporte o la logística ligadas al precio del diésel, o movilizaciones del mundo rural solapadas con las anteriores. Todo ello sin descartar otros lugares o espacios sociales potencialmente explosivos.

En cualquier caso, estos puntos grises y diversos, susceptibles de entrar en ebullición, van a requerir de dos elementos importantes a la hora de poder desarrollar nuevas formas de organización sindical. El primero es la necesidad de *articular espacios de discusión y orientación estratégica más formales,* donde la propia discusión política componga el núcleo de su propuesta. El segundo está en *construir apuestas sindicales que escapen de la sectorialidad,* donde el sindicalismo social deje de contemplarse como la elaboración de mecanismos concretos, temáticos y con metodologías específicas (véase para el caso el multipolar sindicalismo de vivienda),[22] y se empiece a entender como un movimiento capaz de intervenir con distintas intensidades y herramientas en conflictos de espectro diverso.

Por hacer una comparación histórica, el sindicalismo social está obligado a trabajar formalmente bajo presupuestos parecidos a los de las históricas federaciones locales del movimiento anarcosindicalista. Este trató de convertir la federación en una *fábrica de estrategia* política. Se trataba de trabajar sobre marcos de alianza de escala local y regional. En esta misma línea, hoy se podrían federar centros sociales, despensas solidarias, escuelas populares, viviendas okupadas, redes de apoyo mutuo y sindicatos de distinta índole. Caso de no asumir este tipo de tareas,

---

[22] Nos referimos al movimiento de vivienda compuesto en la actualidad por más de 200 proyectos entre Plataformas de Afectados por la Hipoteca (PAH), Sindicatos de Inquilinas y Sindicatos de Vivienda, entre otros.

el devenir sectorial y particular del sindicalismo social correrá el riesgo de caer en un modelo similar al del sindicalismo de servicios, las asociaciones de consumidores o las ONG. Atravesados por la urgencia cotidiana y por líneas estratégicas muy parciales, estas debilidades hacen del sindicalismo social presa fácil de perspectivas propiamente partidistas.

Por ser más claros: envueltas en las lógicas de los movimientos sociales, las líneas tácticas y estratégicas parcializadas, las vías de representación separadas y las reivindicaciones agrupadas por ejes temáticos, las iniciativas de sindicalismo social tienden a sectorializarse y, con ello, a aislarse. Como consecuencia —en demasiadas ocasiones— parece que solo el campo político institucional-progresista ofrece unidad y coherencia a través fundamentalmente de la producción formal de propuestas legislativas. En dirección contraria, sin embargo, se deben ensayar formas federadas de intervención que estructuren el trabajo sindical, lo desectorialicen y lo ensanchen con horizontes estratégicos nuevos. Se trata, por eso, de no poner en el centro las políticas públicas, ni los famosos techos de cristal. Se trata de expresar un programa autónomo que defienda los intereses de quienes encarnan estos movimientos y no la política de «resultados parciales y graduales», que tanto encandilan a los partidos progresistas y su dramaturgia parlamentaria.

En cualquier caso, este modelo de sindicalismo social puede acusar otros puntos de debilidad, especialmente frente a formas de conflictividad más imprevisibles. De una parte, el crecimiento y la acumulación de fuerzas alrededor del sindicalismo social ha sido, hasta la fecha, relativamente débil, no ha logrado movilizar con cierto nivel de masividad y —como ya hemos dicho— su articulación no ha dejado nunca de ser sectorial. Esto no solo quiere decir que se ha especializado en problemas concretos, por ejemplo la vivienda o la carestía de los alimentos, sino que sus bases organizativas se componen y articulan en torno a sistemas de necesidades dentro de ese mismo campo, lo que vuelve muy difícil la movilización en otros territorios de conflicto.

Esta necesidad de articulación y movilización estratégica, no sectorializada, obliga además a escapar de modelos sindicales «de servicios», al tiempo que se priman los mecanismos de organización comunitaria. Para ello es necesario, conviene insistir, que los dispositivos sindicales sectoriales se federen con otros colectivos y grupos, se inserten en centros sociales y redes de apoyo mutuo, de autodefensa laboral y sindical, de lucha contra las fronteras, el racismo y por la educación popular. Se trata primeramente de construir un modelo sindical más integral. Todo ello, bajo el presupuesto, de que las formas y fuerzas de la crisis por venir, tanto en sus formas de estabilización como en sus líneas de ruptura, van a producir formas de conflictividad que —con toda probabilidad— no serán protagonizadas por las redes activas hoy existentes. De ahí la importancia de testar permanentemente el modelo de acumulación de fuerzas, la versatilidad política de nuestras estructuras, su capacidad de mover y empujar conflictos diversos, hoy difíciles de determinar y a escalas aún por dimensionar.

De otra parte, y como última tesis para la discusión, postularíamos que *el programa político a proponer debe tener formas constituyentes y no solo de ensanchamiento del marco de lo constituido*. Salir de las lógicas del progresismo obliga a cuestionarse la posición de los movimientos sociales como interlocutores gubernamentales, a no aceptar este sistema de delegación / negociación. Esto significa que nada tiene que ver cómo se consiguen leyes como las del aborto en Argentina, donde la desobediencia civil es masiva y está inserta en un movimiento internacional, con las concesiones parlamentarias que se «logran» en contextos de baja movilización. En esta última modalidad, que podríamos llamar de «concesión legislativa», las organizaciones sociales aparecen como una contraparte casi decorativa dentro del sistema de gobernanza progresista, cuando no directamente como un simple apéndice de la misma. Reconocidos como parte a la hora de hacer propuestas y jugar el papel de interlocutores válidos de cara a producir leyes y propuestas normativas, estos actores no cuentan con fuerza organizada suficiente cuando se trata de torcer la voluntad de un gobierno.

En definitiva, la crisis nos obliga a apostar por una política autónoma, de autodeterminación política. Esto implica una ruptura decidida con cualquier responsabilidad con respecto del ámbito institucional.